AF233056

LE DES PHOCÉENS

CATALOGUE

DE LA

BIBLIOTHÈQUE

MARSEILLE

MDCCCLXXIV

CERCLE DES PHOCÉENS

CATALOGUE

DE LA

BIBLIOTHÈQUE

CATALOGUE

DE LA

BIBLIOTHÈQUE

MARSEILLE

MDCCCLXXIV

AVIS

La première édition du *Catalogue* pourrait être irrégulière et incomplète ; les éditions suivantes auront pour but de la corriger et de l'augmenter.

—

La bibliothèque se divise en livres sortants et en ouvrages à consulter sur place.

Ces derniers, non sortants, sont marqués d'un astérisque.

CATALOGUE

DE LA

BIBLIOTHÈQUE

A

ABBÉ *** (L').

2079.2080	Le Maudit	2 v.
2080.2081	La Religieuse	2 v.
2154	Le Moine	1 v.
2152.2153	Le Jésuite	1 v.
	Le Confesseur	
2179.2180	Le Curé de campagne	2 v.
426	Les Odeurs ultramontaines	1 v.

ABOUT, Edmond.

ABRANTÈS (Duchesse d')

ACHARD, Amédée.

ADAM, Adolphe.

ADELON.

AGOUB.

ALAUX (D')

ALBÉRIC-SEGOND.

.ALBIN.

ALBY, Ernest.

ALFIÉRI.

AMPÈRE, J.-J.

574 *Voyage autour du Monde   1 v.
     Notices Scientifiques   5 v.
     Notices Biographiques   5 v.

ARAGO, Jacques.

58 . 59 Voyage autour du Monde,
     de d'Urville   2 v.

ARAMINSKI (Le Comte).

755 Révolution de Pologne de 1772
     à 1864   1 v.

ARIOSTE.

586 . 565 Roland furieux *(poème)*, texte
     et trad. en regard par
     Panckoucke et Framery   10 v.

ARISTOTE.

1141 . 1154 *Œuvres complètes traduites par
     Barthélemy St-Hilaire   14 v.

ARLINCOURT (D').

ARMAILLÉ (La Comtesse).

ARMAND, Victor.

ARMANDI (Le Général).

ARMENGAUD.

2193 Les Confessions de l'abbé
Passereau   2 v.

AUBERT-ROCHE.

37 De la Réforme des quarantaines 1 v.

AUBERTIN, Charles.

*Sénèque et saint Paul   1 v.

AUBRY, Maurice.

294 Les Banques d'Émission
et d'Escompte   1 v.

AUBRYET, Xavier.

2218 Les Patriciennes de l'Amour 1 v.
2374 La Vengeance de Mme Aubray 1 v.

AUDIAT, Louis.

*Bernard Palissy, étude sur sa
vie et ses travaux   1 v.

AUDIFFRENT, G.

1127 *Du Cerveau et de l'Innerva-
tion, d'après Aug. Comte   I v.

AUDIFFRET (Le Comte d').

*Annales de Six-Fours en
Provence   I v.

AUDIN.

407. 408 Histoire d'Henri VIII   2 v.

AUDOUARD (Mme Olympe).

*Gynécologie, la Femme depuis
six mille ans   I v.

AUGIER, Émile.

57 Le Fils de Giboyer   I v.
61 Maître Guérin   I v.
68 La Contagion   I v.
73 Paul Forestier   I v.
79 Lions et Renards   I v.

AURELLE (D') DE PALADINES.

AUSONE DE CHANCEL.

AUTRAN, Joseph.

AVRIL.

AYMARD, Gustave.

230 Les Rôdeurs de Frontières   I v.
229 Les Francs-Tireurs   I v.
2366 Le Cœur loyal   I v.
2367.2368 Le Grand Chef des Aucas   2 v.
2369 Le Chercheur de pistes   I v.
2370 Les Pirates des Prairies   I v.
2371 La Loi de Lynch   I v.
2385 La Grande Flibuste   I v.
2386 La Fièvre de l'Or   I v.
2387 Gurumilla   I v.
2372 Valentin Guillois   I v.
2362 Les Marquards, aventures de Michel Hartmann   I v.
2376 Le Chien noir, *faisant suite aux* Marquards   I v.

AZEGLIO, Massimo (D').

*L'Italie de 1847 à 1865   I v.
41 La Politique et le droit chrétien   I v.

B

BADER, Clarisse.

*La Femme dans l'Inde antique 1 v.

BADIN.

414 Grottes et Cavernes 1 v.

BAKER-WITE.

674 *Découverte de l'Albert
N'yanza, trad. de l'an-
glais par G. Masson 1 v.

BALBO.

42 De la Destruction du pouvoir
temporel du Pape 1 v.

BALDY, A.-G.

*Protidas ou la Fondation de
Marseille 1 v.

BALLEYDIER.

BANCAL DES ISSARTS.

BANCEL.

BARANTE (De)

87. 88 La Vie Politique de M. Royer-
    Collard   2 v.

    *Histoire des Ducs de Bour-
    gogne de la Maison de Va-
    lois, 1364-1477   12 v.

BARBIER, Auguste.

14 Iambes   1 v.

BARBIER DU BOCCAGE.

159 Madagascar, possessions fran-
    çaises   1 v.

BARCHOU DE PENHOEN.

401. 406 Histoire de l'Empire anglais
    dans l'Inde   6 v.

BARCLAY.

621 *Euphormionis Satyricon   1 v.

BARKER-WELL.

31 Sur la Géologie des Iles Canaries 1 v.

BARNAVE.

307. 310 Œuvres de Barnave, mises en
ordre par BÉRANGER de la
Drôme   4 v.

BARNY, JULES.

507 Considérations sur la Révolution Française   1 v.

BARRAL, L.-A.

293 Le Blé et le Pain   1 v.

BARRY (COMTESSE DU).

82. 87 Mémoires   6 v.

BARRIÈRE, F.

185 La Cour et la Ville   1 v.
257. 258 Souvenirs de vingt ans de séjour
à Berlin   2 v.

BARRILLON.

40 Systèmes des concessions de
Chemins de fer   1 V.
40 Chemin de fer de Lyon à
Genève   1 V.

BARTH, Henri.

166 Voyages et Découvertes en
Afrique   1 V.

BARTHÉLEMY, J.-J.

500. 507 *Voyage du jeune Anacharsis
(*édition* De Bure, 1788)   8 v.

BARTHÉLEMY, Edouard.

517 Essais critiques sur la Littérature   1 V.
620 Galerie des Portraits de Mademoiselle de Montpensier   1 V.
*Journal d'un Curé ligueur de
Paris   1 V.

BARTHÉLEMY, Aug. (De)

2363 Pierre le Peillarot, 1789-1795   I v.

BARTHÉLEMY.

39 L'Enéide *(trad. en vers)*   I v.
16 Douze journées de la Révo-
    lution   I v.
20 Némésis   I v.
 3 La Bourse et la Prison   I v.
 4 Cinquième anniversaire   I v.
 4 Marseille, Petite Revue d'une
    Grande Ville   I v.
 4 Le Baccara et le Craps   I v.
 4 Ma Justification   I v.
 5 L'Art de fumer la pipe et le
    cigare   I v.
 5 Zodiaque, satire à M. Thiers   I v.
 5 Zodiaque, satire à l'Ambas-
    sadeur du Maroc   I v.

BARTHÉLEMY et MÉRY.

 5 Zodiaque, satire à Lamartine   I v.

BARTHÉLEMY SAINT-HILAIRE.

BASCHET, A.

BAVOUX, Evariste.

BAWR (Madame de).

BAYARD.

BAZAINE (Maréchal).

BAZANCOURT (Le Baron de).

183. 184 Les Expéditions de Chine et
de Cochinchine   2 v.

838. 839 L'Expédition de Crimée jusqu'à la prise de Sébastopol   2 v.

840. 841 La Campagne d'Italie de 1859   2 v.

BAZIN, P.-A.

134. 135 Histoire de France sous Ma-
zarin   2 v.

86. 87 L'Époque sans nom   2 v.

BEAUCHESNE (De).

453. 454 Louis XVII, sa vie, son agonie
et sa mort   2 v.

BEAUJOUR, Félix (de).

25. 26 Voyages militaires   2 v.

BEAULIEU, Paul-Leroy.

434 Le Travail des Femmes au
XIXe Siècle   1 v.

BEAUMARCHAIS.

533 *Théâtre, suivi de ses Poésies
    diverses   1 v.

BEAUMIER.

568 Roudh-El-Kartas   1 v.

BEAUMONT, Gustave (De).

46. 47 L'Irlande sociale, politique
    et religieuse   1 v.

BEAUMONT, J.

34 De la Constitution américaine 1 v.

BEAUMONT, Vassy.

311. 312 Histoire des États Européens 2 v.

BEAUSSET (De).

43. 46 Mémoires sur l'intérieur du
    Palais   4 v.

BEAUVOIR (Le Comte de)

209	Australie	1 v.
210	Java, Siam, Canton	1 v.
220	Pékin, Yéddo, San-Francisco	1 v.

BEAUVOIR, Roger (De).

120. 121	La Lescombat	2 v.
184. 185	Le Peloton de fil	2 v.
337. 338	Les trois Rohan	2 v.
421. 424	La Porte du Soleil	4 v.
476	L'Ile des Cygnes	1 v.

BÉCLARD.

665	*Traité Élémentaire de Physiologie	1 v.

BÉCHARD et PONTMARTIN.

2237	Les Traqueurs de Dot	1 v.

BÉDARRIDE.

544	Les Juifs en France, en Italie et en Espagne	1 v.

BEECHER, Stowe.

1080.1081 L'Oncle Tom   2 V.

BELIN, J.-L.

313 Le Simplon et l'Italie   1 V.

BELLET.

17 Le Cri d'alarme contre le Ministère Polignac   1 V.

BELLIOL (Dr).

4. 5 Marseille vengée, Réponse à Barthélemy   2 V.

BELLOT, J.-R.

204 Voyage aux Mers polaires   1 V.

BELMONTET.

22 De la Proscription   1 V.

BELOT, A. et DAUTIN.

2296 Le Parricide   1 V.

2381 Dacolard et Lubin, *suite du*
    Parricide   1 v.
2181 Mémoires d'un Caissier   1 v.
2212 Mlle Girod, ma femme   1 v.
2291 La Femme de Feu   1 v.

BÉNEDETTI (Le Comte).

141 Ma Mission en Prusse.   1 v.

BÉNEDICT, Henri-Revoil.

231 La Chasse dans l'Amérique
    du Nord   1 v.

BÉNÉDIT.

40 Chichois   1 v.

BENTHAM, Jérémie.

7.   8 Déontologie ou Science morale   2 v.
15.   16 Traité des preuves judiciaires   2 v.

BÉRANGER.

668. 670 *Œuvres, contenant 53 gra-
    vures sur acier   3 v.

BÉRARD, J.

BERLIOZ, Hector.

BERNARD.

BERNARD.

BERNARD, Charles (De)

417. 418 Un Homme sérieux 2 v.

2051 Les Stations d'un Touriste 1 v.

415 Gerfaut 1 v.

2314.2315 Le Gentilhomme campagnard 2 v.

2313 La Peau du Lion et la Chasse
aux Amants 1 v.

BERNARDIN DE SAINT-PIERRE.

546 *Paul et Virginie *(nouv. édit.)* 1 v.

906A *Paul et Virginie *(illustré)* 1 v.

89. 100 Œuvres complètes mises en
ordre et précédées de la vie
de l'Auteur par L.-A. Martin *(édit. de 1818).* 12 v.

BERSIER, Eugène.

829. 830 Histoire du Synode général 2 v.

BERTALL.

128 Cahier des charges du Chemin
de fer 1 v.

BERTAULD.

BERTEAUT, Sébastien.

BERTET, A.

BERTHELOT, S.

BERTHET, Élie.

2166 La Double vue	1 v.
2194 La Tour du Télégraphe	1 v.
2213 Le Séquestré	1 v.
2379.2380 Le Vallon Suisse	2 v.

BERTHIER (Le Père J.).

| 432 Notre-Dame-de-la-Salette | 1 v. |

BERTHOUD, Henri.

194. 195 Pierre-Paul Rubens	2 v.
270. 271 La Bague antique	2 v.
300. 301 Berthe Frémicourt	2 v.
404 L'Enfant sans mère	1 v.
479. 480 Marianne de Selvignies	2 v.
675. 676 Daniel	2 v.
665. 666 Nicolas Champion	2 v.

BERTULUS (Le Docteur).

| 362 L'Athéisme au XIXe Siècle | 1 v. |

BERTIN, J.-L.

24 De la Liberté considérée dans
ses rapports avec le Chris-
tianisme   I V.

BERTRAND, Joseph.

297 Les Fondateurs de l'Astronomie moderne   I V.

BERTRAND, Alex.

Voies Romaines en Gaule

BERTRAND, Gustave.

3g5 Les Nationalités musicales   I V.

BESCHERELLE Aîné.

*Grand Dictionnaire de Géo-
graphie Universelle   4 V.

BESNIER.

2 Considérations sur les Trap-
pistes   1 v.

BEUGNOT (Petit-Fils).

288. 289 Mémoires du Comte Beugnot   2 v.

BEULÉ.

901 *Auguste, sa Famille et ses Amis   1 v.
661 *Études sur le Péloponèse   1 v.
662 *L'Acropole d'Athènes   1 v.
    *Fouilles et Découvertes   2 v.

BIART, Lucien.

2145 La Terre tempérée   2 v.

BICHAT, F.-X.

86 Recherches physiologiques sur
la vie et la mort   1 v.

BIFAUT.

BIGNON.

BILLECOQ.

BJORNSTJERNA (Le Général).

BLANC, Louis.

115 . 116 Lettres sur l'Angleterre *(première série)*   2

126 . 127 Lettres sur l'Angleterre *(deuxième série)*   2

BLANC, CHARLES.

1125 *Ingres, sa vie et ses œuvres   1

584 *Grammaire des arts du dessin   1

*Histoire des Peintres de toutes
les écoles

BLANCARD, LOUIS.

1103 . 1104 *Iconographie des Sceaux et
Bulles, conservés dans la
partie antérieure à 1790   2

BLANCHECOTTE (Mme A. DE).

2270 Tablettes d'une Femme pendant la Commune   1

BOCCACE.

572 *Contes, tr. de Sabatier de
Castres   1 v.
596. 605 *Décaméron (1812)   8 v.

BODENSTEDT, Frédéric.

526 Les Peuples du Caucase   1 v.

BODIN, Félix.

1 La Bataille électorale *(poème
politique comique)*   1 v.

BOILEAU.

528. 530 *Poésies *(édit. de 1815)*   3 v.

BOILLAU.

51 Réduction du tarif des lettres
en Angleterre   1 v.

BOISSIER, Gaston.

622 Études sur la vie et les ouvrages de Varron   1 v.

BOISSIEU, A. (De).

376 Les Vivants et les Morts   1 v.

BOITEAU, Paul.

113. 114 Fortune publique et Finances
de la France   2. v.

BONAFOUS, Norbert.

*Études sur l'Astrée, Columelle 1 v.

BONALD (De).

8 De l'Esprit de corps et de
l'Esprit de parti   1 v.

BONAPARTE, Louis
(NAPOLÉON III).

174 Idées Napoléoniennes   1 v.

481 . 484 Œuvres complètes   4 v.
687 . 688 Jules César *(in-8°)*   2 v.
1104.1106 *Histoire de Jules César (illus-
trée, in-4°)*   2 v.

BONNECHOSE.

345 . 346 Les Réformateurs avant la
Réforme   2 v.
441 . 442 Les quatre Conquêtes de l'Angleterre   2 v.

BORDERIE, ARTHUR (DE LA).

*Les Bretons insulaires et les
Anglo-Saxons   1 v.

BORÉLY.

407 . 408 De la Justice et des Juges   2 v.

BORYS, GUSTAVE.

2260.2261 Les Paresseux de Paris   2 v.

BOUCHARDY.

BOUDIN.

BOUDON, R.

BOUDYCK, Bastiaanse.

BOUET, Auguste.

BOUFFLERS (Marquis de).

609 . 613 *Œuvres   5 v.

BOUILHET, Louis.

69 La Conjuration d'Amboise   1 v.

BOUILLET, N.-N.

Dictionnaire des Sciences, des
    Lettres et des Arts   1 v.
Dictionnaire d'Histoire et de
    Géographie   1 v.

BOUNIN.

19 Poésies et Poèmes   1 v.

BOURASSÉ, J.-J. (L'Abbé).

1127 *Résidences royales et impé-
    riales   1 v.
673 *Les plus belles Églises du
    Monde   1 v.

BOURDALOUE.

579. 581 *Œuvres   3 v.

BOURQUELOT, Félix.

138 Voyage en Sicile   1 v.

BOUSQUET, Casimir.

196 Étude sur la Navigation   1 v.

BOUSQUET, Deschamps.

10 L'Intérieur de Saint-Acheul   1 v.

BOUTARIC, M.-E.

117. 118 Correspondance écrite de
       Louis XV   2 v.

BOUTIN, Charles.

306. 307 *Murailles révolutionnaires de
       1848   2 v.

BOUVET, Francisque.

100 De la Confession et du Célibat
    des Prêtres   1 v.

BOYER.

Dictionnaire anglais-français
    et français-anglais   1 v.

BRADDON, M.-E.

2086.2087 Aurora Floyd   2 v.

BRANTOME.

1083 *Vie des Dames Illustres   1 v.
1083a *Vie des Dames Galantes   1 v.

BRAVARD-VEYRIÈRES.

*Manuel de Droit commercial   1 v.

BRÉHAT, Alfred.

2008 Bras-d'acier   1 v.

2062 Drame à Calcutta   I v.
  22 La Lescombat *(drame en cinq actes)*   I v.
2236 La Vengeance d'un mulâtre   I v.

BREMER, Frédéric.

669 Les Voisins   I v.

BRÈS, Louis.

*Gustave Ricard et son Œuvre à Marseille   I v.

BRESC, Louis.

1038 *Armorial des Communes de Provence   I v.

BRET, A.

1085 *Lettres de Ninon de Lenclos   I v.

BRETON, E.

906E *Pompéia   I v.
906D *Athènes   I v.

BRIOIS (Le Docteur).

671. 673 La Tour Saint-Jacques de
Paris   3 v.

BRISSET, J.

5o3. 5o4 Le Béarnais   2 v.

BROGLIE (Duc de).

816. 821 L'Église et l'Empire romain
au IVe siècle 6 v.

223 Une Réforme administrative
en Afrique 1 V.

43 La Lettre impériale et la Si-
tuation 1 V.

5g3. 5g4 Question de Religion et d'Histoire 2 v.

131 Vues sur le Gouvernement de
la France 1 V.

BROSSES, Charles (De).

43o. 431 Lettres familières écrites d'Italie
en 173g et 1740 2 v.

BROT, Alphonse.

767. 768 Réveil-matin.

BROUGHAM.

22 Précis historique du partage
de la Pologne   I V.

BROUGHAM, Henri (Lord).

352 Voltaire et Rousseau   I V.

BROUSSAIS.

1168..1169 *Traité de Physiologie   2 V.

BROWNLOW et NORTHCOTE.

1191 *Rome souterraine, trad. de
l'anglais   I V.

BRUNSWICK.

21 Le Conseil de révision   I V.

BUCHEZ.

1 . 40 Histoire parlementaire de la
Révolution française   40 v.

BUCHNER, Louis.

323 . 324 Science et Nature   2 v.

BUFFON.

946 . 985 *Œuvres complètes (avec gravures)   40 v.

BUGEAUD (Maréchal).

33 L'Algérie, moyen de conserver
cette conquête   1 v.

BUNSEN, C.-C. (De).

*Dieu dans l'Histoire, trad.
par Dietz   1 v.

BUVAT, J.

677 . 678 Journal de la Régence   2 v.

C

CABET.

CADOR, L.

CADOUDAL, Georges.

CAILLIÉ.

CAMPAN (Madame de).

331. 333 *Mémoires   3 v.
806. 807 *De l'Éducation   2 v.

CAMPANELLO.

84. Œuvres choisies, avec notice de
Louise Colet   1 v.

CAMPARDON, Émile.

684. 685 Du Tribunal Révolutionnaire
de Paris   2 v.

CANINO (La Princesse).

40 Appel à la Justice des Contemporains   1 v.

CANONGE, Jules.

*Varia, sourire, aimer, rêver   1 v.
*Le Tasse à Sorrente   1 v.

557 Diane de Poitiers I V.
246 Compagnies industrielles et
    commerciales I V.
277 Marie de Médicis I V.
278 Anne d'Autriche I V.

CAPENDU, Ernest.

231 Les Chasseurs de Panthères I V.
2132 La Popote I V.
2165 La Tour aux Rats I V.

CARCEY, Michel.

247 Philosophie légale du Crédit I V.

CARDINI (Lieutenant-Colonel).

43 De l'Avenir d'Alger en 1846 I V.

CARLYLE.

1097.1098 *Histoire de l'Europe pen-
    dant la Révolution française 2 V.

CARMOUCHE, VARIN et HUART.

CARNÉ (Le Comte Louis).

CARNOT Fils.

CARRANCE, Evariste.

CASTELLA, Hubert (De).

CASTELLI.

CASTILLE, Hippolyte.

CATULLE.

CAUCHOIS-LEMAIRE.

CAUSSIDIÈRE.

CAZENEUVE, J.-M.

30 Sur le moyen de nettoyer le
Port de Marseille   1 v.

CAZENOVE, L. (DE).

378 La Guerre et l'Humanité   1 v.

CÉRE, Paul.

422 Les Populations dangereuses
et les Misères sociales   1 v.

CERVANTES.

400. 405 *Don Quichotte, trad. par
F. DE SAINT-MARTIN   6 v.
1124. 1125 *Don Quichotte, trad. par
VIARDOT, illust. par DORÉ   2 v.
585 *Don Quichotte, trad. et an-
noté par LOUIS VIARDOT   1 v.

CHAILAN, Fortuné et A. FABRE.

*Histoire du Choléra morbus   1 v.

CHALLAMEL, Augustin.

329. 333 Mémoires du Peuple français   8 v.
1129.1130 *Histoire-musée de la République française   2 v.

CHAMPFLEURY.

1072 Contes vieux et nouveaux   1 v.
150 Les Excentriques   1 v.
234 Grandes Figures d'hier et d'aujourd'hui   1 v.
314 Histoire de la Caricature antique   1 v.
439 Histoire de la Caricature au moyen-âge   1 v.
315 Histoire de la Caricature moderne   1 v.
341 Histoire des Faïences patriotiques   1 v.

CHANZY (Le Général).

810 La Deuxième Armée de la
    Loire   1 v.

CHAPUS, Eugène.

485. 486 Le Roman des Duchesses

CHARLEMAGNE.

70. 71 Timon Alceste   2 v.

CHARTON, Édouard.

162. 163 *Le Tour du Monde *(Jour-
    nal des voyages, 1860 à 1873)* 1 v.
639. 657 *Le Magasin pittoresque, 1833
    à 1873   40 v.

CHASLES, P.

194 Voyage d'un Critique à tra-
    vers la vie et les livres   1 v.

227 Les Natchez, suivi de la description de leur pays   1 v.
226 Voyage en Amérique, en Italie
et au Mont-Blanc   1 v.

CHATELAIN.

13 Consultations pour Monsieur
Chatelain, directeur du Crédit Foncier   1 v.

CHATELET, C.

572 Crimes et Délits de l'Angleterre   1 v.

CHAVETTE, Eugène.

229 9 2299A Défunt Brichet   2 v.

CHÉNIER, M.-J.

881 *Littérature française   1 v.
    *Poésies   1 v.
716. 725 *Œuvres de M.-J. Chénier,
précédées d'une notice sur

Chénier par Arnault, re-
vues et corrigées par Ch.
Robert   10 v.

CHÉNIER, André.

152 Œuvres en prose, accompagnées de notes historiques
par B. de Fouquières   1 v.

CHENU, A.

46 Les Montagnards de 1848   1 v.

CHÉRUEL, A.

492. 493 Histoire de l'Administration
monarchique   2 v.
284. 285 Mémoires de Fouquet   2 v.
905. 906 Dictionnaire des Institutions
de la France   2 v.

CHEVALIER, Michel.

3. 4 Lettres sur l'Amérique du
Nord   2 v.

CHEVALIER, Hedlinger.

CHODRU-DUCLOS.

CHOUBER-LEROND.

CHRISTIAN.

CICÉRON.

412 *Œuvres complètes   36 v.

CLAIRON, Hippolyte.

879 *Mémoires   1 v.

CLAIRVILLE et DAMARIN.

22 Satan ou le Diable de Paris   1 v.

CLAPIER.

36 Sur la Proposition Seguin. Du
   pont de Roquefavour   1 v.

CLARETIE, Jules.

2286 Noël Rambert   1 v.

CLAUDIN.

2012 Point et virgule   1 v.

CLAVEL, Victor.

1180.1181 *Arnaud de Brescia et les Ro-
          mains du XIIe siècle   2 v.

CLÉMENT, Pierre.

374 Histoire de Colbert   1 v.
325 La Police sous Louis XIV   1 v.

CLÉMENT, Charles.

1186 *Prudhon, sa vie et ses œuvres 1 v.

CLÉMENT, Félix.

1016 *Les Musiciens célèbres   1 v.

CLÉRAULT.

273 Traité des Établissements dan-
     gereux   1 v.

CLOQUET, J.

CLOT-BEY.

COCHIN, Augustin.

COGNIARD, Frères.

COLAS.

COLET, H.

570. 571 *Chants et Chansons populaires
de la France   2 v.

COLET, Louise (Madame).

437. 438 Folles et Saintes   2 v.
5 Le Monument de Molière   1 v.

COLIN, Auguste.

1 La Corbiériade ou le Triomphe
des Moines   1 v.

COLOMBEL.

197 Du parti que l'on pourrait tirer
d'Alger   1 v.

COMBES, François.

*La Princesse des Ursins   1 v.

COMETTANT, Oscar.

109 Le Danemark tel qu'il est   1 v.

COMTE, A.

*Philosophie positive   6 v.

COMTE, Charles.

9 Des Garanties offertes aux Ca-
pitaines   1 v.

CONDILLAC.

187. 202 *Œuvres complètes   16 v.

CONSERVATEUR (Un).

154 Voyage aux Pays rouges   1 v.

CONSIDÉRANT, N.

582 Histoire de la Révolution dans
les Pays-Bas   1 v.

CONSTANT, Benjamin.

10 9.	Ses Discours à la Chambre des Députés	2 v.

CONSTANT, Louis.

153. 158	Mémoires sur Napoléon	6 v.
125	Le Duc d'Enghien	1 v.

COOPER, Fénimore.

276	Le Bravo	1 v.
2278	Wyandotté	1 v.
461	La Vie d'un Matelot	1 v.
505. 506	Sur Mer et sur Terre	2 v.
673. 674	Satanstoe ou la Famille Little-place	2 v.
570. 571	Lucie Hardingue	2 v.
143. 144	Les Lions de Mer	2 v.

COPPÉE, François.

49	Poésies, le Passant	1 v.

CORNEILLE.

627. 638 *Œuvres   .   12 v.

133. 144 *Œuvres avec le commentaire
de Voltaire sur les pièces de
théâtre *(éd. complète)* de 1801 10 v.

CORNÉLIS DE WITT.

Thomas Jefferson   1 v.

CORNILLE.

44 Souvenirs d'Orient   1 v.

CORTAMBERT ET ROSNY.

215 Tableau de la Cochinchine   1 v.

COTTU.

29 Projet de loi sur la Presse   1 v.

15 Derniers excès de la censure en
    faveur des Jésuites   1 v.
 8 Plan du parti Révolutionnaire
    pour la session de 1829   1 v.

COULANGES DE FUSTEL.

310 La Cité antique.   1 v.

COULLET, P.-J.

295 Étude sur la circulation moné-
    taire   1 v.

COURCY ET CHARLES DUPEUTY.

339 L'Empire du Milieu   1 v.
 19 L'Ange dans le monde et le
    Diable à la maison   1 v.

COURNIER, J.-MARIE.

615 L'Archevêque de Cantorbéry   1 v.

COURIER, Paul-Louis.

COUSIN, Victor.

CRAON (La Princesse de).

CRÉBILLON.

CRÉPET, Eugène.

Les Poètes Français

CRÉQUY (Marquise De).

5 Souvenirs de la Marquise de
  Créquy
  Mémoires sur la Restauration

CREULY (Le Général).

  *Carte de la Gaule (proconsulat
  de César)   I V.

CREWEL.

17 Système d'emprunt contributif   I v.

CRISTOL, Jules.

31 Mémoires sur le Moyen Hippo-
   potame fossile de Cuvier   I v.

CROZE-MAGNAN.

202 Études sur les Monts-de-Piété   1 v.

CRUICE (L'Abbé).

272 Vie de Denis-Auguste Affre   1 v.
569 Études sur de nouveaux documents historiques empruntés à l'ouvrage des Philosophumena   1 v.

CRUICE (Monseigneur).

570 Histoire de l'Église de Rome   1 v.

CRUYER, F.-A.

504 Essai sur les Fresques de Raphaël   1 v.

CUCHEVAL-CLARIGNY.

221 Le Budget de la Guerre et de la Marine.   1 v.

CUSTINE (Marquis De).

63.   96 La Russie en 1839   4 v.
186. 187 Ethel   2 v.

CUVELLIER.

659. 660 *Chronique de Duguesclin   2 v.

CUVIER.

986 *Rapport sur les Sciences phy-
      siques   1 v.

D

DACIER.

1104 *La Vie de Marc-Antonin   1 v.

D'ALLONVILLE (Comte).

140. 144 Mémoires secrets de 1770 à
1830   5 v.

DALMAS, P.

32 Sur la révision du Procès du
Maréchal Ney   1 v.

DAMAS-HIMARD.

327. 328 Napoléon, ses jugements et ses
opinions   2 v.

DANDOLE.

24 L'Art d'élever les vers à soie   1 v.

DANGEVILLE.

18 La Vérité sur la question
d'Orient   1 v.

DANTE, ALIGHIERI.

934. 936 *Comedia   3 v.
1123 *Le Purgatoire (illust. par DORÉ) 1 v.
1136 *L'Enfer (illust. par DORÉ)   1 v.

DARU.

66 Des Chemins de fer   1 v.
1 Épître à M. le Duc de La Ro-
chefoucault.   1 v.

DARWIN.

1204. 1205 *Les Descendances de l'Homme 2 v.

DASH (Comtesse).

876.	878	La Marquise sanglante	3 v.
164.	165	Le Fruit défendu	2 v.
455.	456	Les Châteaux en Afrique	2 v.
884.	885	Les Amours de Bussy-Rabutin	2 v.
	2198	Un Crime mystérieux	1 v.
	2214	Le Livre des Femmes	1 v.

DAUBAN, C.-A.

675.	676	*Paris en 1794 et 1795	2 v.
	796	*Les Prisons de Paris sous la Révolution	1 v.

DAUDET, Alphonse.

2177	Le Petit Chose	1 v.
2322	Aventures prodigieuses de Tartarin de Tarascon	1 v.

DAUMAS (Général).

349	Le Sahara Algérien	1 v.
163	Les Chevaux du Sahara	1 v.

DAUMONT, Alexandre.

33. 34 Voyage en Suède   2 v.

DAUTIN, J. et A. BELOT.

2181 Mémoires d'un Caissier   1 v.
2296 Le Parricide   1 v.
2381 Dacolard et Lubin *(suite du* Parricide)   1 v.

DAVELUY et QUICHERAT.

Dictionnaire latin-français, rédigé sur un nouveau plan   1 v.

DEBAY.

216 Les Mystères du Sommeil   1 v.
243 Les trente Beautés de la Femme   1 v.

DEBRAUX, Émile.

7 Les Barricades de 1830   1 v.

DEBRAUZ, Louis.

40 La Paix de Villafranca et les
Conférences de Zurich   1 v.

DECAISNE, J. et C. NAUDIN.

Manuel de l'Amateur des Jardins   4 v.

DEFLAUX.

581 Histoire de la Suède au
XVIe siècle   1 v.

DELAMARRE.

12 Traité pratique de Culture des
Pins   1 v.

DELAUNAY (L'Abbé).

906B 906H *Livre d'heures d'Anne de
Bretagne   2 v.

DELAVAU.

DELAVIGNE, Casimir.

DELESSERT, Édouard.

DELILLE.

DELOCHE, Max.

*La Trustis et l'Antrustion royal sous les deux premières races   I V.

DELORD, Taxile.

Histoire du second Empire

DELTUF, Paul.

2058 Jacqueline Voisin   I V.

DELVAU, Alfred.

237 Les Dessous de Paris   I V.

DEMIDOFF, Anatole.

506 La Crimée   I V.
154 Voyage dans la Russie Méridionale   I V.

DEMOGEOT, J.

440 Histoire de la Littérature française   I v.

DENNIÉE (Le Baron).

199 Précis Historique de la Campagne d'Afrique   I v.

DESBAROLLES, A.

173 Voyage d'un Artiste en Suisse I v.
447 Les Mystères de la Main révé-
lés et dévoilés   I v.

DESBASSAYNS.

44 Un Mot d'un Laïque sur la
brochure « Le Pape »   I v.

DESCHANEL, Émile.

2006 La Vie des Comédiens 1 v.
683 Christophe Colomb et Vasco
de Gama 1 v.
353 Étude sur Aristophane 1 v.

DESCHAMPS, Émile.

26 Macbeth, Roméo et Juliette 1 v.

DESCURET, J.-B.-F.

225. 226 La Médecine des Passions 2 v.

DESJARDINS, Ernest.

576 Le Grand Corneille, historién 1 v.
*Alésia, septième campagne de
Jules César 1 v.

DESJARDINS, Arthur.

828 États Généraux, 1355-1614   1 v.

DESJOBERT.

15 La Question d'Alger   1 v.

DESLYS, Charles.

2032 Ma Tante Jeanne   1 v.
2146.2147 Le Roy d'Yvetot   2 v.
2091 Les Compagnons de Minuit   1 v.

DESMAREST.

178 Témoignages de Police   1 v.
33 Constantine et la Domination
     d'Afrique   1 v.

DESMENARD.

35. 38 Mémoires du Prince de la Paix   4 v.

DES MOUSSEUX.

DESNOISRESTERRES.

DESNOYER.

DESROSNE.

DESSAIX, P.-M.

DESTOUCHES.

106. 111 *Théâtre   6 v.

DEVAUX, C.

192 Les Kebaïles du Djerdjera   1 v.

DÉZOBRY, Charles.

488. 491 Rome au Siècle d'Auguste   4 v.

D'HAUSSET (Baron).

85 Études Morales et Politiques   1 v.

DICKENS, Charles.

2328.2329 Vie et Aventures de Nicolas
            Nickleby   1 v.
2330.2331 La Petite Dorrit   2 v.
2325.2326 Barnabé Rudge   2 v.
988. 989 David Copperfield   2 v.

2327 Olivier Twist   1 v.

2332.2333a Dombey et fils   2 v.

2335 Contes de Noël   1 v.

2336.2337 Les Grandes Espérances   2 v.

2338.2339 Le Magasin d'Antiquités   2 v.

2340.2341 L'Ami commun   2 v.

2342.2343 Vie et Aventures de Martin Chuzzlewit   2 v.

2344.2345 Bleak-House   2 v.

2346 Les Temps difficiles   1 v.

2347 Paris et Londres en 1793   1 v.

DICKENS, Ch. et W. COLLINS.

2334 L'Abîme   1 v.

DIDEROT.

1081.1082 *Œuvres choisies, précédées de sa vie par F. Genin   2 v.

203. 209 *Œuvres complètes   7 v.

*Encyclopédie ou Dictionnaire raisonné des Sciences, des Arts et des Métiers   36 v.

DIDIER, Charles.

DINAUX, Ernest.

DINAUX et Eug. SUE.

DINAUX et LESGUILLON.

DISRAÉLI, Benjamin.

DIXON, Hipworth.

La Suisse contemporaine   1 v.
La Russie libre   1 v.

DOLFUS.

81 Liberté et Centralisation   1 v.

DOLGOROUKOW (Le Prince).

543 La Vérité sur la Russie   1 v.

DOMENECH, E.

2211 Légendes Irlandaises   1 v.

DORA D'ISTRIA (La Comtesse).

2026.2027 Les Femmes en Orient   2 v.

DORANGE.

917 *Poésies

DOUBÈVEYER.

42 Le Pape et ses pouvoirs

DREVET Père.

46 Révélations, Mystères de l'Hô-
tel-de-Ville   1 v.

DROUINOT.

309. 310 Résignée   2 v.

DROZ, Gustave.

2144 Monsieur, Madame et Bébé   1 v.
2176 Cahier bleu de Mlle Cibot   1 v.
809. 811 *Œuvres diverses   3 v.

DRUMMOND, Hay.

94 Le Maroc et ses Tribus no-
mades   1 v.

DUBOIS.

164. 167 Mémoires du Cardinal Dubois 4 v.

DUBOST, Antoine et J. TÉNOT.

756 Les Suspects en 1858   1 v.

DUCAMP, Maxime.

90 Expédition des Deux-Siciles   1 v.

DU CASSE, A.

221. 230 Mémoires du Roi Joseph   10 v.
247. 256 Mémoires du Prince Eugène   10 v.

DUCASTERIA, J.

41 Napoléon III et sa Politique
en Italie   1 v.

DUCHÊNE.

364 L'Empire industriel   1 v.

DUCHENNE (de Boulogne).

1185 *L'Électrisation localisée   1 v.

DUCREST (Madame).

48. 50 Paris en Province   3 v.

DUCUING.

1110.1111 *Exposition universelle de 1867   2 v.

DUCANGE, Victor.

22 La Fiancée de Lammermoor   1 v.

DU HAMEL (Le Comte).

70 L'Italie, l'Autriche et la Guerre   1 v.
41 Venise, complément de la
    Question italienne   1 v.

DUHAMEL.

281. 282 La Duchesse d'Allaye   2 v.
383. 385 Le Château de Rochecourbe   3 v.

DUMANOIR ET DENNERY.

22A Don César de Bazan   I V.

DUMARSAIS.

913. 914 *Logique   2 V.

DUMAS, ALEXANDRE (PÈRE).

74. 75 Capitaine Pamphile   2 V.
180. 181 Actée   2 V.
208 Maître Adam   I V.
239 Aventures de Lyderic   I V.
266 Le Capitaine Aréna   I V.
289 Jehanne la Pucelle   I V.
11 Angèle   I V.
15 Charles VII chez ses grands vassaux   I V.
37. 38 Une année à Florence   I V.
363. 365 Georges   3 V.
368. 369 La Villa Palmieri   2 V.
694. 695 Quinze jours au Sinaï   2 V.

833. 838 Le Vicomte de Bragelonne
(*suite des* Mousquetaires) 6 v.
521 Fernande 1 v.
528 Une Fille du Régent 1 v.
560. 561 Les Médicis 1 v.
566. 569 Le Comte de Monte-Cristo 4 v.
572. 577 La Reine Margot 6 v.
578. 581 Louis XIV et son Siècle 4 v.
582. 583 Nanon de Lartigues 2 v.
611. 612 Madame de Condé 2 v.
619. 620 La Vicomtesse de Cambes 2 v.
723. 724 L'Abbaye de Peyssac 2 v.
621. 622 Les Frères Corses 2 v.
804. 822 Les Mémoires d'un Médecin 19 v.
1061. 1066 La Comtesse de Charny 6 v.
967. 968 Ange Pitou 2 v.
859. 869 Le Collier de la Reine 11 v.
677. 682 Le Chevalier de Maison-Rouge 6 v.
688 Othon l'Archer 1 v.
692. 693 La Comtesse de Salisbury 2 v.
696. 698 Sylvandire 3 v.
704. 707 Amaury 4 v.
708. 715 La Dame de Monsoreau 8 v.

DUMAS, Alexandre (Fils).

DUMAS, Mathieu.

DUMERSAN et DUMANOIR.

DUMONT, Étienne.

DUMONT-D'URVILLE

56. 57 Voyage pittoresque autour du
      monde   2 V.

DUMUY, Victor.

29 Sur les Chemins vicinaux   1 V.

DUPAIGNE, Albert.

1192 *Les Montagnes   1 V.

DUPARC, A.

429 Correspondance de Henri
      Régnault   1 V.

DUPEUTY et CORMON.

22A Paris la nuit   1 V.

DUPIN, Charles (Baron).

2 Forces productives de la France 1 V.
3 Du Droit d'ainesse   1 V.

DUPLESSIS, Georges.

623 Histoire de la Gravure en France   I V.
400 Merveilles de la Gravure   I V.

DUPONT, P.

211 Études littéraires   I V.

DUPORT et LAURENCIN.

19 Casimir, ou le Commis-voyageur   I V.
20 La Belle-sœur   I V.

DUPRAT, Pascal.

46 La Politique du Peuple   I V.

DUPUIS.

933 *Origine de tous les Cultes   I V.

DURAND ᴇᴛ MESLIN.

*Guide pratique du Style épis-
tolaire   1 v.

DURUY, V.

631 . 632   Histoire de la Grèce ancienne   2 v.

DUSSIEUX ᴇᴛ SOULIÉ.

260 . 265   Mémoires du Duc de Luynes   6 v.

DUVAL, Gᴇᴏʀɢᴇs.

183 . 184   Souvenirs Thermidoriens   2 v.

DUVAL, Jᴜʟᴇs.

420   Notre Planète   1 v.

DUVERGIER DE HAURANNE.

3   De l'Égalité des partages   1 v.

DUVERT ET LAUZANNE.

DUVEYRIER, CHARLES.

E

EDOUARDA (Mme) ET GARCIA.

2201 Pablo, ou la Vie dans les
Pampas 1 v.

EGGERS.

382 . 383 Hellénisme (L') en France 2 v.

ELISABETH DE FRANCE.

273 Mémoires, annotés et mis en
ordre par Barghon-Fort-
Rion 1 v.

EMERIC, David.

1172 . 1173 *Jupiter, recherches sur ce dieu 2 v.

ENAULT, Louis.

2020	Alba	I V.
2025	L'Amour en voyage	I V.
2029	Nadèje	I V.
2033	Hermine	I V.

ENFANTIN, P.

185	Science de l'Homme	I V.

ERCKMANN-CHATRIAN.

2162	Le Blocus	I V.
2308	Le Conscrit de 1813	I V.
2095	Waterloo *(suite du* Conscrit de 1813)	I V.
2031	Maître Daniel Roch	I V.
2115	Histoire d'un Homme du Peuple	I V.
2130	La Maison Forestière	I V.
338	Contes Populaires	I V.
2269	Histoire du Plébiscite	I V.

2307 Madame Thérèse   1 v.
2309 La Guerre   1 v.
2365 Les Deux Frères   1 v.

ESOPE.

925. 926 *Les Fables (trad. en français) 1 v.

ESQUIROS, Alphonse.

394. 395 Histoire des Montagnards   2 v.
528 La Vie des Animaux   1 v.
2011 La Vie Hollandaise   1 v.
379 L'Émile du XIXᵉ Siècle   1 v.

ESTIENNE DE LA BOETIE.

26 De la Servitude volontaire   1 v.

ESTRANGIN, Eugène.

39 Importation des Graines oléa-
gineuses exotiques   1 v.

EXPILLY, Charles.

EYMA, P.-Xavier.

EYMONT, Henri.

F

FABRE, Augustin.

*Histoire des Hôpitaux et des
Institutions de Bienfaisance
de Marseille   2 v.
*Histoire du Choléra morbus
asiatique   1 v.

FABRE-D'OLIVET.

547. 548 Laure de Salmon   2 v.

FAIN (Le Baron).

152. 153 Manuscrit de 1812   2 v.

FALLOT DE BROGNARD.

29 Rapport sur l'Enseignement
Jacotot   1 v.

FALLOUX (Comte De).

266. 267 Madame Swetchine   2 v.
45 Des Devoirs dans les circons-
tances actuelles   1 v.

FARADAY.

3oo Histoire d'une Chandelle   I v.

FARNÈSE, Maurice.

2064 Un Marin philosophe   I v.

FAUCHÉ, C.-E.

24 Causes qui ont amené la Révolution de Neuchâtel   I v.

FAUCHER, Léon.

353. 354 Études sur l'Angleterre   2 v.

FAURIEL, M.

522. 525 *Histoire de la Gaule Méridionale   4 v.

FAURIEL, C.

117. 119 Histoire de la Poésie provençale   3 v.

FAVRE, JULES.

FÉLICE (DE).

FÉLIX (LE R. PÈRE).

FERMÉ, A.

FÉNELON.

FÉTIS, F.-J.

678. 679 *Histoire générale de la Mu-
sique   3 v.

1048.1055 *Biographie universelle des
Musiciens   8 v.

FEUGÈRE, Léon.

635. 636 Caractères et Portraits du
XVIᵉ Siècle   2 v.

FEUILLET, Octave.

2279 Julia de Trécœur   1 v.

2141 Le Roman d'un jeune homme
pauvre   1 v.

FEUILLET DE CONCHES.

689. 691ᴳ Louis XVI et Marie-Antoinette   6 v.

FÉVAL, Paul.

386. 387 Le Capitaine Spartacus   2 v.

FEYDEAU, Ernest.

FICHTE.

FIEFFÉ.

FIÉVÉE, J.

FIGUIER, Louis.

FIORELLI. Joseph.

*Fouilles à Pompeï, 1861-1872   2 V.

FISCH.

1126 *La Franc-Maçonnerie   1 V.

FLANDIN, P.-J.-B.

38 Révélation sur la fin du Ministère Villèle   1 V.

FLAUBERT, Gustave.

2005.2005a Madame Bovary   1 V.
2096 Salambô   1 V.
2208.2209 L'Éducation sentimentale   2 V.

FLÉCHIER.

794 *Oraisons funèbres suivies des oraisons funèbres de Turenne

par MASCARON, du Prince
de Condé par BOURDALOUE   1 V.

FLEURY, ÉDOUARD.

141. 142 Saint-Just et la Terreur   2 V.
144. 145 Méditations révolutionnaires   2 V.

FLORA TRISTAN.

176. 177 Méphis   2 V.

FLORIAN.

352. 367 *Œuvres complètes   16 V.

FLOTTE (GASTON DE).

670 Souvenirs, Études, Mélanges
    littéraires   1 V.
213 Bévues parisiennes, les jour-
    naux, les revues, les livres   1 V.

FLOURENS, P.

274 De la longévité humaine sur le
    Globe   1 V.

FOA, Eugène (Madame).

534. 535 Alexandrine   2 v.

FOE (Daniel de).

578 *Robinson-Crusoé   1 v.

FONFRÈDE.

20 Du Gouvernement du Roi   1 v.
107. 116 Œuvres de Henri Fonfrède   10 v.

FONTANELLE.

918 *Astronomie en vingt-deux le-
çons   1 v.

FONTANIER.

42 Voyage dans l'Orient   1 v.
87 Voyage dans l'Inde   1 v.

FONTENELLE.

101. 103 *Œuvres complètes   4 v.

FONVIELLE, W. (De).

405 Eclairs et Tonnerres   1 V.

FORGE, Anatole (De La).

40 La Guerre c'est la Paix   1 V.

FORGES (De).

19 Frascati ou le Secret d'État   1 V.

FORGES (De), J.-P. VERNON.

19 Lekain à Draguignan   1 V.

FORGES (De), J. LEUVEN.

19 Nanon Giroux   1 V.

FORGUES, E. (De).

2044.2045 La Femme en blanc   2 V.
583 Histoire de Nelson   1 V.
2119 Sandra Belloni   1 V.

FORTOUL, Hippolyte.

323. 324 De l'Art en Allemagne   2 v.

FORTUNATUS.

53 Le Rivarol de 1842 (Dictionnaire satirique des célébrités
contemporaines   1 v.

FOUCAUD, E.

316 *Les Artistes illustres   1 v.

FOUCHER, Paul.

22 Les Chevaux du Carrousel
(drame)   1 v.

FOUDRAS (Marquis de).

935. 938 Lélia la Tyrolienne   4 v.
946. 950 Louis de Gourdon, ou les
Crocans   5 v.

441 . 442 La Comtesse Alvinzi   2 v.
558 . 559 Les Gentilshommes d'autrefois 2 v.
905 . 908 Le Capitaine La Curée   4 v.
912 . 921 Les Chevaliers du Lansquenet 10 v.
1002 . 1004 Un Caprice de Grande Dame   3 v.
1072 . 1079 Madeleine repentante   4 v.

FOURIER , Ch.

883 . 888 *Œuvres   6 v.

FOURNIER , A.

22 Un Jour d'Orage *(comédie en un acte)*   1 v.
22 Les Deux Sœurs, ou le Mentor   1 v.

FOY (Le Général).

123 . 126 Guerre de la Péninsule   4 v.
138 . 139 Discours à la Chambre des Députés   2 v.
286 . 287 *Discours Politiques   2 v.

FRANCE (De).

124. 125 Les Prisonniers d'Abd-el-Kader 2 v.

FRANCIS WEY.

413. 414 La Balle de plomb et le Dia-
mant noir 2 v.
906G *Rome 1 v.

FRANCK, Alphonse.

577 Études Orientales 1 v.
729 Philosophie et Religion 1 v.

FRANCK, Jules.

*Exposition Universelle de
Vienne 1873

ARNOULD-FRÉMY.

2089 La Cousine Julie 1 v.

FREYCINET, Charles (De)

8099 La Guerre en Province 1 v.

FRIGIER

44. 45 Des Classes dangereuses de la
Société   2 V.

FRIGNET, Ernest.

316 La Californie   I V.

FROSSARD (Général).

808 Opérations du Deuxième Corps
de l'Armée du Rhin   I V.

FRY, Élisabeth.

1198. 1199 *Mémoires de sa vie, écrits
par deux de ses sœurs   2 V.

FULCHIRON, J.-C.

81. 84 Voyage dans l'Italie méridionale   4 V.

G

GABORIAU, Ernest.

GABRIAC (Comte de).

GAILLARD, Louis (De).

GALIBERT, Léon.

GALITZIN (Le Prince De).

GALLOIS, Napoléon.

GANDON, A. et JULES.

GANILH.

GARCIA (Madame) et EDOUARDA.

GARCIN, E.

GARDON, A.

GASPARIN (Comte Agénor de).

393 Tableaux de Siége, Paris 1870-1871   1 v.

2292 Mademoiselle de Maupin   1 v.

229 Constantinople   1 v.

2133.2134 Le Capitaine Fracasse   2 v.

GAVAND, J.-P.

18 Le Duc de Bordeaux et le Duc de Reichsstadt   1 v.

1 Première Vendéenne adressée à M. de Villèle   1 v

GAVARNI.

843 *Manière de voir   1 v.

565. 568 *Œuvres choisies (avec des notices en tête de chaque série par M. P.-J. Stahl   4 v.

569 *Masques et Visages   1 v.

GAY, Sophie (Mme).

258. 259 Marie-Louise d'Orléans   2 v.

GÉRARD (Le Général).

18 Quelques Documents sur la bataille de Waterloo   1 v.

GERBET (Évêque).

45 De la Papauté   1 v.

GERIN, Ch.

798 Recherches historiques sur
l'Assemblée du Clergé de
1682   1 v.

GERMAIN.

10 Du Secret des Lettres   1 v.

GÉRUZEZ, Eugène.

212 Littérature française pendant
la Révolution   1 v.
633. 634 Histoire de la Littérature
française   2 v.

GERVAIS, Ernest.

GILLES, I.

GIRARDIN, Emile (De).

GIRARDIN (Madame E. De).

GIRAUDEAU, Fernand.

GISQUET.

GLAIS-BIZOIN.

GLAISHER, Etc.

GOBINEAU (Comte de).

157 Trois ans en Asie   1 v.

GODOLIN.

658 *Œuvres   1 v.

GOETHE.

433 Les Affinités électives (traduites
par Selden.

GOGUÉ, A.

*Cuisine Française   1 v.

GOLDONI, Ch.

727. 729 *Chefs-d'Œuvre
852. 867 *Œuvres

GOLDSMITH.

*Vicaire de Wakefield

GONCOURT, Jules (De).

66 Henriette Maréchal — 1 v.
473 Histoire de la Société française — 1 v.
551 Les Maîtresses de Louis XV — 1 v.
2174.2175 Manette Salomon — 2 v.
*La Société Française pendant la Révolution — 1 v.
*La Société Française pendant le Directoire — 1 v.

GONDINET, E.

81 Christiane — 1 v.

GONDON.

518 *De l'état des choses à Naples et en Italie — 1 v.

GONDRECOURT, A. (De).

893. 894 Le Légataire — 2 v.
951. 957 Le bout de l'Oreille — 7 v.

GONZALÈS, Emmanuel.

888.	892	Esaü le Lépreux	5 v.
958.	960	Les deux Favorites	3 v.
1012.	1014	Le Vengeur du Mari	3 v.

GOURGAUD.

63.	64	Mémoires de Napoléon	2 v.
	798	*Examen critique	1 v.

GOUVION SAINT-CYR (Maréchal).

92.	96	Mémoires sur la Campagne des armées du Rhin	5 v.
89.	91	Mémoires de Napoléon	3 v.

GOZLAN, Léon.

54.	59	Le Médecin du Pecq	3 v.
112.	113	Le Notaire de Chantilly	2 v.
287.	288	Roman de cœur, la Dernière Sœur grise	2 v.
370.	371	Le Dragon rouge	2 v.

22A La Main droite et la Main
gauche   1 V.

1072 Contes et Nouvelles   1 V.

2022 La Comédie et les Comédiens 1 V.

2036 La Folle du N° 16   1 V.

2055 Le Vampire du Val-de-Grâce 1 V.

GRABOWSKI, IGNACE-STANISLAS.

179 La Pologne historique, littéraire, monumentale   1 V.

GRAMMONT (DUC DE).

147 La France et la Prusse avant
la guerre   1 V.

GRANDEAU.

298 De la Physionomie   1 V.

GRANGE (MARQUISE DE LA).

2382 Laurette de Malboissière, Lettres
d'une jeune fille du temps de
Louis XV, 1761-1766   1 V

GRANGER.

11 Question sur le Pavillon. Couvre-
t-il la marchandise? 1 v.

GRANGIER, Louis.

*Histoire abrégée de la Litté-
rature française 1 v.

GRANIER DE CASSAGNAC.

500. 501 Histoire de la Chute du roi
Louis-Philippe 2 v.
559. 560 Histoire des Girondins 2 v.
585. 586 Histoire du Directoire 2 v.
205 Danaé 1 v.
52 Voyage aux Antilles 1 v.

GRANVILLE.

59. 60 Scènes de la vie privée des
Animaux 2 v.

GRAVEREND.

2 Un mot sur le projet de loi
sur le sacrilége   I V.

GRÉGOIRE, A.

191 Mémoires de l'Exécuteur des
hautes œuvres   I V.

GRÉGOIRE

(Ancien Évêque de Blois).

181 Histoire des Confesseurs, des
Empereurs et des Rois   I V.

GRESSET.

104. 105 *Poésies   2 V.
553 *Œuvres précédées d'une ap-
préciation littéraire, par LA
HARPE

GRETSCH.

59 Examen de l'ouvrage « la
    Russie en 1830 »   1 v.

GRISIER.

124 Les Armes et les Duels   1 v.

GRONOVIUS, J.

753 *Médailles d'Anvers   1 v.

GROSSON, M.-J.-B.

1193 *Recueil des Antiquités mar-
    seillaises   1 v.

GROTE.

1016.1034 *Histoire de la Grèce (trad.
    de l'anglais par De SADOUS) 19 v.

GROUSSET, P.

129 Conspiration du Général Malet 1 v.

GRUYER, F.-A.

504 Essai sur les Fresques de
Raphaël   1 v.

GUADET, J.

566 . 567 Les Girondins ; leur vie privée
et politique   1 v.

GUELL Y RENTE DE JOSÉ.

2063 Légende d'une Ame triste   1 v.

GUÉRIN, Léon.

290 . 292 *Histoire Maritime de la France 2 v.

GUÉRONNIÈRE (Le Vicomte De La).

63 Portraits politiques contemporains   1 v.

GUÉROULT, Georges.

159 Théories de l'Internationale
(étude critique)   1 V.

GUICHARDIN

662 Historien et Homme d'État
Italien, au XVIe Siècle   1 V.

GUIGNIAUT, J.-D.

417 Progrès des Études relatives à
l'Égypte   1 V.

GUILBERT.

58 Colonisation du Nord de l'A-
frique   1 V.

GUILLAUME TELL POUSSIN.

273. 274 De la Puissance Américaine   2 V.

GUINOT, Eug. et MELESVILLE.

20 Suzanne   1 V.

GUI-PATIN.

GUIZOT.

GUYOT, Jules (Docteur).

H

HAHNEMANN.

HAINAULT, Frédéric (De)

HALÉVY et MEILHAC.

HAMY, E.-T. (Docteur).

HANS, Ludovic.

HAUSSONVILLE (Le Comte D')

HAVET, Ernest.

HAYEM, Julien.

HAYEM, Armand.

HEINE, H.

*Correspondance inédite   2 v.
449 De la France   1 v.

HEINRICH, G.-A.

157 La France, l'Étranger et les
Partis   1 v.

HELL (Mme H. DE).

851 *Steppes de la mer Caspienne   1 v.

HÉLOISE ET ABÉLARD.

1084 *Lettres complètes (trad. par
GRÉARD)

HELVÉTIUS.

155. 157 *Œuvres complètes   3 v.

HENNEQUIN.

39 Voyage Philosophique en Angleterre   1 v.

HENRI.

372 . 373 L'Egypte Pharaonique   2 v.

HEPTAMÉRON (L'). -

534 *Contes de la Reine de Navarre   1 v.

HERVÉ.

793 Une page de l'Histoire d'Angleterre   1 v.

HERVILLE JOUENNE (D').

436 Souvenirs de garnison, ou qua-
rante ans de vie militaire   1 v.

HERZ, Henri.

200 Mes Voyages en Orient   1 v.

HEYSE, Paul.

2378 La Rabbiâta (trad. de l'alle-
mand par G. Bayvet)   1 v.

HILAIRE, Léon.

2009 Nouvelles fantaisistes   1 v.

HIPPAU, M.-G.

396 L'Instruction publique aux
États-Unis   1 v.

HODDE, Lucien (De La).

419 Histoire des Sociétés secrètes   1 v.
46 La Naissance de la République   1 v.

HOLBACH (D').

1035.1037 *La Morale Universelle   3 v.

HOMÈRE.

940. 945 *L'Iliade et l'Odyssée trad.
en français par Mme DACIER   6 v.
740. 742 *L'Iliade trad. en vers, avec
des remarques et un discours
sur Homère, par M. de Ro-
chefort, de l'Académie   3 v.

743. 744 *L'Odyssée trad. en vers, avec
des remarques, suivie d'une
dissertation sur les Voyages
d'Ulysse, par M. de ROCHE-
FORT, de l'Académie. 2 V.

HONNORÉ ET DELAPORTE.

21 La Fille de l'Air dans son mé-
nage 1 V.

HORACE.

46. 47 Satires, Épîtres, Art poétique,
trad. en vers avec le texte en
regard, par A. DETHOU 2 V.
1164C *Odes Gaillardes, trad. en
vers par A. BARTHET, édit.
Dentu, 1862 1 V.

HORN.

210 Annuaire du Crédit Public 1 V.

HOUSSAYE, ARSÈNE.

210 Fanny 1 V.

298 Mademoiselle de Vandeuil — 1 v.
397 Marie — 1 v.
92 Galerie de Portraits — 1 v.
2014 Mademoiselle Mariani — 1 v.
167 Voyage à ma fenêtre — 1 v.
2082 Mademoiselle Cléopâtre — 1 v.
2103 Le Roman de la Duchesse — 1 v.
519. 520 *Peinture Flamande et Hollandaise — 2 v.
554 Histoire de l'Art français au XIXe siècle — 1 v.
2182 2185 Les Grandes Dames — 4 v.
2202.2205 Les Parisiennes — 4 v.
2252.2255 Les Courtisanes du Monde — 4 v.
2288.2289 Le Chien perdu et la Femme fusillée — 2 v.
2373 Lucie — 1 v.

HOWARD HINTON, John.

256. 258 Histoire des États-Unis — 3 v.

HUBNER (Baron De).

231. 232 Promenade autour du Monde — 2 v.

HUC, M.

136. 137 Souvenirs d'un Voyage dans la
        Tartarie   2 v.
155. 156 L'Empire Chinois *(faisant suite*
        à l'ouvrage ci-dessus)   2 v.

HUET, F.

257. 258 Œuvres posthumes de Bordas
        Dumoulin   2 v.

HUGO, Victor.

13 Les Chants du Crépuscule   1 v.
12 Les Feuilles d'Automne   1 v.
15 Les Voix intérieures   1 v.
 9 Marie Tudor   1 v.
13 Marion Delorme   1 v.
15 Hernani   1 v.
16 Le Roi s'amuse   1 v.
16 Lucrèce Borgia   1 v.
84 Cromwell   1 v.

HUGO, A. (PÈRE).

HUGONNET.

HUMBOLDT (De).

HUSSON, Armand.

I

IDEVILLE, H. (D').

IMBERDIS, André.

ITIER, Jules.

134. 135a Voyage en Chine   3 v.

IVAN GOLOVINE.

104 La Russie sous Nicolas Ier   1 v.

IVAN TOURGUENEF.

2037 Une Nichée de Gentilshommes   1 v.

J

JACOB (Le Bibliophile).

268. 269 Histoire du XVIe Siècle   2 v.
102. 103 Vertu et Tempérament   2 v.
392. 393 Un Duel sans témoins   2 v.
      426 Une bonne Fortune de Racine   1 v.
476. 485 *Costumes historiques de la
       France   10 v.

JACOB, Paul.

51. 53 Les Francs-Taupins ⋅ 3 v.

JACOBS, Alfred.

587. 588 Histoire des Francs 2 v.

JAL, A.

13 Le Peuple au sacre de Charles X 1 v.
*Dictionnaire critique de biographie et d'histoire 1 v.
15 Napoléon et la Censure 1 v.
14 Lettres à M. le Comte Corbière sur l'Inquisition littéraire 1 v.
2 L'Inquisition littéraire 1 v.

JAMES, Constantin.

126. 127 Mémoires d'un jeune Cavalier 1 v.
2122 Toilette d'une Romaine 1 v.
*Guide aux Eaux Minérales 1 v.

JANIN, JULES.

JASMIN, JACQUES.

JAUFFRET, E.

JAY, A.

JEAN, Anselme-Bernard.

302 Histoire du Droit Bysantin   1 v.

JOUANNE, Adolphe.

*Dictionnaire des Communes
de la France   1 v.
*Guide de Paris (*illustré*)   1 v.

JOINVILLE (Prince De).

806 Campagne du Potomac   1 v.

JOINVILLE, Jean (Sire De).

722 Œuvres, comprenant l'Histoire de saint Louis, le Credo et
la Lettre à Louis X   1 v.

JOLIET, Charles.

2173 Huit jours en Danemark   1 v.

JOLTROIS, A.

2262 Les Coups de pied de l'âne   1 v.

JONNÈS, A.-M. (DE).

JOUFFROY, A. (LE COMTE).

JOURDAIN.

JOURDAN.

JOURDIER, AUGUSTE.

JOUVENCEL, Paul (De).

JOUY, M.-E.

JULIEN, Félix.

JULIEN, Marc-Antoine.

JULLIANY, Jules.

JULLIEN, Bernard.

JURIEN DE LA GRAVIÈRE.

JUSSELAIN, A.

JUSSIEU, Alexandre (De).

JUSTINIEN et DU CAURROY.

JUVÉNAL.

K

KAEMPFEM, A.

2116 La Tasse à thé   1 v.

KALIDASA.

*Sakountala (drame en sept actes) 1 v.

KARR, Alphonse.

159	Les Femmes	1 v.
902	La Famille Alain	2 v.
190. 191	Enerley	2 v.
252	Am Rauchen	1 v.
285. 286	Geneviève	2 v.
473. 475	Feu Bressier	3 v.
102. 103	Voyage autour de mon Jardin	2 v.
1074	Contes et Nouvelles	1 v.

2054 Sur la Plage   1 v.
2197 Les Dents du Dragon   1 v.
2354 Sous les Tilleuls   1 v.

KÉRATRY (Comte de).

   37 La France telle qu'on l'a faite   1 v.
319. 320 Mademoiselle de Saint-Méran   2 v.
459. 460 Une Fin de Siècle   2 v.
  409 Le Quatre Septembre   1 v.

KÉROULÉE, Georges (de).

185 Un Voyage à Pékin   1 v.

KOCK, Henri (de).

2030 La Fille d'un de ces Messieurs   1 v.
2112 Les Baisers Maudits   1 v.
2268 Ma Petite Cousine   1 v.

KOCK, Paul (de).

2093 Une Grappe de Groseilles   1 v.
2099.2100 Les Demoiselles de Magasin   2 v.

2384 Madame de Montflanquin   1 v.
2384 Monsieur Chérami   1 v.

KOMPERT.

2019 Scènes du Ghetto   1 v.

KOUZNETZOFF, ALEXANDRE.

39 Examen de l'ouvrage de M. de
Custine, « Russie, 1839 »   1 v.

KURR (LE Dʳ J.-G.).

1190 *Atlas de l'Album de Miné-
ralogie   1 v.

L

LABOULAYE, E.

LABRUYÈRE.

LACÉPÈDE.

LACOMBE, P.

LACORDAIRE (Le Père).

LAFITTE, J.-B.-P.

178. 179 Mémoires de Fleury, 1re série,
1757-1789; 2e, 1789-1820 2 v.

LAFON, Charles.

22 La Folle de la cité *(drame en
cinq actes)* 1 v.

LAFON, Mary.

534 Mille ans de guerre entre Rome
et les Papes 1 v.

LA FONTAINE.

749 *Œuvres complètes, précédées
de l'éloge de l'auteur par
Chamfort, avec portrait 1 v.
394. 399 *Œuvres complètes, précédées
d'une nouvelle notice sur sa
vie 6 v.
1126.1127 *Fables illustrées, par G. Doré 1 v.

754. 755 *Fables avec notes de Walck-
naer   2 v.

LAGET DE PODIO.

1170.1171 *Traité d'Assurances maritimes 2 v.

LAGRANGE, Léon.

902 *Pierre Puget   1 v.
*Joseph Vernet et la peinture
au XVIIIe siècle   1 v.

LA HARPE.

487. 491 *Correspondance Littéraire   5 v.
210. 233 *Histoire des Voyages   24 v.
234. 247 *Cours de Littérature   14 v.
248. 249 *Philosophie du XVIIIe Siècle   2 v.

LAINCEL, Louis (De).

213 Voyage humoristique dans le
Midi   1 v.

LALOUE, Ferdinand.

22 Les Pilules du Diable   1 v.

189. 193R Cours de Littérature   23 v.
    511 Histoire de César   1 v.

LAMBERT.

348 *Saisons et Poèmes   1 v.

LAMENNAIS, F.

48.   50 Esquisse d'une Philosophie   3 v.
    74 Amschaspans et Darvands   1 v.
     2 Quelques Réflexions sur le
       Procès du *Constitutionnel*   1 v.
     2 Du Projet de Loi sur le Sacri-
       lège   1 v.
   26 Le Livre du Peuple   1 v.
  544 *Paroles d'un Croyant   1 v.
812. 815 *De l'indifférence en matière
       de Religion   4 v.
889. 900 *Œuvres inédites, publiées par
       A. Blaize   2 v.

LAMOTHE-LANGON.

15 Alliance de la Censure et de
    l'Inquisition   1 v.

LAN, J.

270 Mémoires d'un Petit Bossu   1 v.

LANDELLE (De La).

940. 941 Le Toréador   2 v.
299 Les Marins   1 v.
2207 Les Quarts de Nuit   1 v.

LANFREY, P.

730. 731B Histoire de Napoléon Ier 4 v.

LANGLÈS, L.

1121.1122 *Monuments de l'Hindoustan 2 v.

LANGLOIS, Victor.

172 Voyage dans la Cilicie   1 v.

LANJUINAIS.

2 Mémoires sur la Religion   1 v.

LANNAUD, Rolland.

LAPRADE, Victor (De).

LARCY, R. (De).

LARDIER.

LAROCHEFOUCAULT.

LATOUCHE.

94. 95 Léo   2 V.

LA TOUR DU PIN.

41 Solution possible de la Question
    Romaine   I V.

LA TOUR DE St-YBARS.

Virginie *(tragédie en cinq actes)* I V.

LAURENCIN.

20 Matéo ou les deux Florentins   I V.

LAURENT, E.

218 Le Paupérisme et les Associa-
    tions   I V.
850 Guerre du Mexique   I V.

LAURENTIE (De).

40 Rome et le Pape   I V.

LAUVERGNES.

180 Histoire de la Révolution Française dans le Département du
Var, depuis 1789 jusqu'à
1798   1 v.

LAVALLÉE, Théophile.

468 Histoire de la Maison Royale
de Saint-Cyr   1 v.
388. 391 Histoire des Français   5 v.
446 Géographie Physique, Historique et Militaire   1 v.

LAVALETTE (Marquis De).

128. 129 Mémoires   2 v.

LAVATER.

313. 314 Henri Farel   2 v.

LAVERDANT, Désiré.

LAVERGNE, Léonce (De).

LEBRUN, Isidore.

LEBRUN, Camille (Madame).

LEBRUN, Pierre.

LECLAIR.

1135 *Album de la Galerie de
Rubens   1 V.

LECLERC.

17 Des Soldats et des Citoyens   1 V.

LECLUZE (De).

248. 249 Dona Olympia   2 V.

LECOMTE, Jules.

93 Venise, l'Italie des Gens du
Monde   1 V.
540. 542 Le Forban des Cyclades   3 v.
161 Voyages, Italie, Allemagne,
Çà et là   1 V.

LECOUR, J.-C.

381 La Prostitution à Londres et à
Paris, 1789-1870   1 V.

LEFEBVRE, ANDRÉ

413 Les Parcs et les Jardins ... 1 v.

LÉGER, LOUIS.

234 Le Monde Slave, Voyages
et Littérature ... 1 v.

LEGOUVÉ.

279. 281 *Poésies ... 3 v.

LE HON.

752 *L'Homme Fossile ... 1 v.

LEJEUNE, THÉODORE.

305. 307 Guide de l'Amateur de Ta-
blèaux ... 3 v.

LEKAIN FILS.

880 *Mémoires ... 1 v.

LELUT, P.

*Physiologie de la Pensée   2 v.

LEMERCIER.

17 La Grande Semaine de 1830   1 v.

LEMOINE, John.

149 Études Critiques et Biographiques   1 v.

LEMONNIER, Charles.

78. 79 Commentaires sur les Principales Polices d'Assurances   2 v.

LENOIR, Paul.

219 Le Fayoum, le Sinaï et Petra   1 v.

LENOIR, B.

11 Traité de la Culture de la Vigne   5 v.

LENORMANT, C.

198. 199 Beaux-Arts et Voyages   2 V.

LEOUZON (Le Duc De).

153 La Russie contemporaine   1 V.
2018 Ivan   1 V.

LEPELLETIER (De Saint-Remy).

102. 103 Saint-Domingue, Question
Haïtienne   2 V.

L'ÉPINAY (De Madrid).

481. 482 Rosette   2 V.

LERMINIER.

6 Philosophie du Droit   1 V.

LE SAGE.

317 *Le Diable boîteux   1 V.
319. 330 *Œuvres complètes   12 V.

LESCURE (De).

334. 334c Nouveaux Mémoires du Maréchal de Richelieu   4 v.
 906c *Jeanne d'Arc   1 v.

LESSEPS, Ferdinand (De).

186. 188 Percement de l'Isthme de Suez 3 v.

LEUVEN et BRUNSWICK.

21 Le Brasseur de Preston 1 v.

LEVASSEUR (de la Sarthe).

31. 34 Mémoires   4 v.

LEVASSEUR, M.-E.

524. 525 Histoire des Classes ouvrières
  en France   2 v.

LÉVÊQUE, C.

227. 228 La Science du Beau 2 v.

LÉVY, Michel.

245 Souvenirs d'un Officier de Zouaves ... I V.

LEYNADIER.

246 Mémoires authentiques de Béranger ... I V.

LINGARD.

907. 912 *Histoire d'Angleterre ... 6 v.

LITTON BULWER.

66. 67 Soir et Matin ... 2 v.

LITTRÉ, E.

397 Médecine et Médecins ... I V.
727 Étude sur les Barbares ... I V.
    * Dictionnaire de la langue française.

LITTRÉ, E. ET CH. ROBIN.

LIVET, CHARLES.

LOCKE.

LOISEL, P.

LOLME.

LOMBARD, ALEXANDRE.

LOMBARDON, Adolphe.

5 Marseille et Paris, Satire à
Barthélemy   1 v.

LOMÉNIE (Louis De).

372 La Comtesse de Rochefort   1 v.

LORRIS G.-J De MEUNG.

1194.1197a *Roman de la Rose   5 v.

LOTTIN de LAVAL.

217 Les Truands   1 v.

LOUANDRE, Charles.

428 Histoire agricole de la France   1 v.

LOUIS-PHILIPPE Ier.

21 Un an de sa vie, écrite par lui-
même   1 v.
417. 418 Mon Journal, événements de
1815   1 v.

LOURDE, C.

736. 739 *Révolutions en Provence   4 v.

LOUVET.

875. 878 *Amours de Faublas   4 v.

LOUVOIS.

391 Les Institutions militaires de
la France   1 v.

LOYSEAU, Jean.

313 Lettres sur la Vie d'un nommé
Jésus   1 v.

LOYSON, J.-T. (L'Abbé).

*L'Assemblée du Clergé de
France de 1682   1 v.

LUCAS, H.

2196 Madame de Miramion ou le
Roman d'une honnête femme 1 v.

LUCHEZ.

118. 119 Le Nom de Famille   2 v.

LUCQ-EVANS.

28 Des Projets de la Russie   1 v.

LUCRÈCE.

897. 898 *De la Nature des Choses (poème
trad. en prose par de Ponger-
ville, édit. Panckoucke.   2 v.

LUDRE-FROBOIS (Le Vicomte De)

558 Dix années de la Cour de
George II, 1727-1737   1 v.

LURINE, Louis.

305. 306 Les Rues de Paris, Paris ancien
et moderne   2 v.
1093 Ici l'on aime   1 v.

M

MABLY (L'Abbé).

762. 764 *Observations sur l'Histoire de France — 3 v.

MABRU.

37 Pie IX et l'Italie — 2 v.

MACAULAY.

670 Essais Littéraires (trad. par Guillaume Guizot) — 1 v.

522. 523 Histoire d'Angleterre au XVIIe Siècle (trad. nouvelle par E. Montégut) — 2 v.

MACÉ, J.

263. Histoire d'une Bouchée de pain — 1 v.

319 Les Serviteurs de l'estomac   1 v.
366 La Vie d'un Brin d'herbe   1 v.

MAC-INTOSH, James.

115. 118 Histoire des Iles Britanniques 4 v.

MACHIAVEL.

786. 787 *Œuvres (trad. par Buchon) 2 v.

MAGNIN, Charles.

474 Histoire des Marionnettes en Europe

MAHOMET.

550 *Le Koran (trad. nouv. faite sur le texte arabe, par Kasimirski)   1 v.

MAILLET-LACOSTE.

14 Eloge de Bossuet   1 v.

MAINTENON (Madame De).

271 Entretien sur l'Éducation des
    Filles   1 V.

MALEBRANCHE.

334. 337 *Recherche de la vérité   4 V.

MALEPEYRE.

27. Archives universelles du
    Progrès   1 V.

MALESSART, A.-G.

641 Le Colon, Esquisses Algé-
    riennes   1 V.

MALHERBE.

664 *Lettres inédites   1 V.
663 *Poésies   1 V.

MALLAT, J.

119. 120 Les Philippines   2 V.

MALLEFILLE.

10.	Les Sept Infants de Lara	1 v.
208. 211	Mémoires de Don Juan	4 v.

MALOT, H.

2215	Une Bonne affaire	1 v.

MALOUET (Petit-Fils).

327. 328	Mémoires	2 v.

MALTE-BRUN.

164. 165	Tableau de la Pologne	2 v.
987. 994	*Précis de la Géographie Universelle ou description de toutes les parties du Monde	8 v.

MALVES, Pons.

44	Conciliation de l'Italie avec le Pouvoir temporel	1 v.

MANGIN, Arthur.

389 L'Homme et la Bête

MARBEAU, J.-B.-F.

80 Études sur l'Économie sociale   I v.

MARCELLUS (Le Vicomte De).

40 Vingt jours en Sicile   I v.

MARCHAL, Charles.

245 Benedito   I v.

MARCO-SAINT-HILAIRE.

MARRYAT (Le Capitaine).

60. 61	Midshipman aisé	2 v.
62. 63	Le Marin à terre	2 v.
64. 65	Rattlin le marin	2 v.
150. 151	Le Pauvre Jack	2 v.
170. 171	Mademoiselle Béata et Robert Macaire	2 v.
98. 99	M. Violette, Voyage d'un Émigré français	2 v.

MARTIGNAC (Le Vicomte De).

171	Essai sur l'Espagne	1 v.

MARTIGNY (L'Abbé).

672	*Antiquités chrétiennes (Dictionnaire des)	1 v.

MARTIN, Henri.

410	Études d'Archéologie celtique	1 v.
818. 834	*Histoire de France	20 v.

MARTIN, M.

915 Histoire de la ville de La Ciotat 1 v.

MARTIN, Louis.

4 Le Juste-Milieu *(poème en trois chants)* 1 v.

MARTINEAU (Miss).

13. 14 De la Société américaine 2 v.

MARY-LAFON.

54 Pasquin et Marforis 1 v.

MASSIAS (Le Baron).

17 Question sur la Révolution de 1830 1 v.

MASSILLON.

521 *Petit Carême 1 v.
    *Œuvres choisies 1 v.

MASSIP, L.-P.

139 Doctrine Républicaine   1 v.

MASSON, Michel.

236. 237 Bazile   2 v.
394 Rose Himmel   1 v.
932. 934 Un Mariage pour l'autre monde 3 v.
586. 587 Diane et Sabine   2 v.

MASSONI.

1098.1099 *Le Journal d'un Curé de
campagne   2 v.

MATTER, M.

1178.1179 *Histoire de l'École d'Alexan-
drie   2 v.
375 Lettres et Pièces rares ou inédites   1 v.
1058.1059 *De l'État de l'Allemagne   2 v.
*Emmanuel de Swedenborg   1 v.

MATTÉRER.

MAUGUIN.

MAURE, F.

MAUREL, Jules.

MAURY, Louis-Alfred.

MAYNE-REID.

MAZAS, Alexandre.

MELESVILLE.

MELVILLE WHYTE.

MÉNAGE, M.

MENAULT, Ernest.

404 Intelligence des animaux   I V.

MÉNÉVAL (Le Baron).

293. 295 Napoléon et Marie-Louise   I V.

MENNESSIER (Madame Nodier).

343 Charles Nodier, épisodes et
souvenirs   I V.

MERCIER (De LACOMBE).

*Henri IV et sa politique   I V.

MERCIER.

891. 894 *Œuvres dramatiques   4 V.

MERCIER (De Compiègne).

*Éloge du sein des femmes   I V.

MÉRIMÉE, Prosper.

667 Histoire de Don Pedro Ier   I V.

MERLE.

MERLET, G.

MERLIN (La Comtesse).

MERSON, Olivier.

MERVOYER, P.-M.

717 Histoire d'Angleterre, de 1770
    à 1830   I v.

MÉRY, Joseph.

200	L'Assassinat	I v.
212	Le Bonnet Vert	I v.
334	Héva	I v.
1	Les Jésuites, épître à M. le Président Séguin	I v.
1	Etrennes à M. de Villèle	I v.
2	Marseille, ode	I v.
3	Waterloo, au Général Beaumont	I v.
509. 510	La Comtesse Hortensia	2 v.
751. 752	Une Conspiration au Louvre	2 v.
926. 928	La Guerre du Nizam	3 v.
994. 1001	Marion Delorme	8 v.
1042. 1044	La Juive au Vatican	3 v.
1089	Les Damnés de l'Inde	I v.
2001	Monsieur Auguste	I v.
222	Marseille et les Marseillais	I v.

53 Théâtre de Salon — 1 v.
797 *Napoléon en Egypte — 1 v.
2046 Un Crime inconnu — 1 v.
43 Napoléon en Italie — 1 v.
92 Les Nuits Italiennes — 1 v.
348 Anglais et Chinois — 1 v.
742 Le Château-Vert — 1 v.

MÉRY, Louis.

802 . 805 *Histoire de Provence — 4 v.
800 . 801 *Chronique de Provence — 2 v.

MESNARD (Le Comte De).

174 . 176 Souvenirs intimes — 3 v.
1108 . 1109 *Merveilles de l'Exposition — 2 v.

MEUNIER, Victor.

291 . 291A La Science et les Savants en
1864-1865-1866 — 3 v.

MEURICE, Paul.

2199 Césara — 1 v.

MEZIÈRES, A.

578 Shakespeare, ses Œuvres et ses
    Critiques, 1860   1 v.
    *Pétrarque, d'après de nouveaux
    documents, 1867   1 v.

MICHAUD (L'Abbé).

406 Plutôt la mort que le déshonneur 1 v.
406 Guignol et la Révolution   1 v.

MICHAUD et POUJOULAT.

130. 133 Correspondance d'Orient, 1830-
    1831   4 v.

MICHAUD, Joseph

842. 845 *Histoire des Croisades   4 v.

MICHAUD, Louis-Gabriel

    *Biographie Universelle (an-
    cienne et moderne)   45 v.

MICHEL, J.-P.-A.

162 Manuel d'Agriculture pour le
Midi de la France   I v.

MICHEL, Nicolas.

562 Doctrines Religieuses des Juifs   I v.

MICHELET, J.

Histoire de France au Moyen
âge   6 v.
477 Renaissance   I v.
476 Réforme   I v.
Guerres de Religion   I v.
Ligue et Henri IV   I v.
502 Henri IV et Richelieu   I v.
Richelieu et la Fronde   I v.
Louis XIV   I v.
660 La Régence   I v.
686 Louis XV   I v.
754 Louis XVI   I v.
832. 837 Histoire de la Révolution
Française   6 v.

MICHELET (M. ET Mme).

MICHIELS, ALFRED.

526. 527 *Études sur l'Allemagne 2 v.
       *Rubens, et l'École d'Anvers 1 v.

MICHON (L'Abbé).

37 Projet de solution de la Question
    Romaine 1 v.
44 De l'Agitation Religieuse 1 v.

MIDDLETON, E.

390 Garibaldi et l'Armée des Vosges 1 v.

MIÉGE.

131. 133 Histoire de Malte 3 v.

MIGNET.

895. 896 *Histoire de Marie Stuart 2 v.
172. 173 Notices et Mémoires Histo-
    riques 2 v.
   469 Charles-Quint 1 v.

MILLIN.

508. 513 *Voyages en France, avec Atlas 6 v.

MIRABEAU.

159. 163 Mémoires écrits par lui-même 5 v.

MIRANDOL, Louis (De).

32 La Consolation philosophique
de Boèce   1 v.

MIRECOURT (De).

59 Le Petit-fils de Pigault-Lebrun 1 v.

MIRÈS.

245 A mes Juges   1 v.

MISTRAL.

45 Calandaù   1 v.
55 Mireïo   1 v.

MOLÈNE, Paul (De).

2059 L'Amant et l'Enfant   1 v.
230 La Folie de l'Epée   1 v.

MOLIÈRE.

MOLTKE (MARÉCHAL DE).

MOMMSEN.

MONÇAUT, C.

MONCHAND, J.-B.-C.

MONDOT, Armand.

519 Histoire des Indiens des États-Unis   1 V.

MONFALCON.

181 Histoire de l'Insurrection de Lyon   1 V.

MONIER, Henri.

154. 155 Scènes de la Ville et de la Campagne   2 V.
3. 4 Nouvelles Scènes populaires   2 V.
340 Paris et la Province   1 V.

MONMERQUÉ, M.

1087. 1091 *Historiettes de Tallemant des Réaux   5 V.

MONSELET, Charles.

2271. 2272 Les Frères Chantemesse   2 V.

MONTALEMBERT (Comte De).

MONTEIL, Alexis.

MONTEIL, L.

Percement de l'Isthme de Suez; description des travaux et ouvrages d'art définitifs, des machines et des appareils

MONTÉPIN, Xavier (De).

MONTESQUIEU.

677 *Œuvres complètes   1 v.

MONTFAUCON.

775. 782 *Antiquités Romaines et Grec-
ques   1 v.

MONTGAILLARD.

41. 49 Histoire de France   9 v.

MONTHOLON (Le Général).

57. 62 Mémoires pour servir à l'histoire de Napoléon   6 v.

MONTIFAUD, Marc (De).

370 Marie-Magdeleine   1 v.

MONTIGNY.

124 Souvenirs d'un Officier de la
Grande Armée   1 v.

MONTLOSIER (Le Còmte De).

MONTRICHER.

MOORE, Thomas.

MOREAU.

MORIN, C.-M.

255 Révélations de forte impor-
tance sur la Restauration   1 v.

MORTIMER-TERNEAUX.

756. 759 *Histoire de la Terreur   4 v.

MORTREUIL, J.-A.-B.

*Dictionnaire Topographique
de l'arrondissement de Marseille   1 v.

MOUNIER, F.

92 Le Chancelier d'Aguesseau   . 1 v.

MOUY, Charles (De).

2123 Le Roman d'un homme sérieux 1 v.

MULLER, Eugène.

2136 La Driette   1 v.

MULLER, Max.

*La Science de la Religion	1 v.
*La Science du Langage	1 v.

MULLER, Otfried.

692. 694 Histoire de la Littérature Grecque — 3 v.

MURGER, Henry.

1071 Scènes de la Vie de jeunesse — 1 v.

MURRAY, John.

*Guide à Londres, 1873 — 1 v.

MUSSET, Alfred (De).

12 Un Spectacle dans un fauteuil (*théâtre*) — 1 v.

374. 375 Un Spectacle dans un fauteuil (*roman*) — 2 v.

356 Mélange de Littérature et de
Critique   1 V.
296. 305 *Œuvres complètes (riche éd.
avec lettres inédites, dédiée
aux amis du poète, ornée de
28 dessins de Bida   10 V.

N

NADAR.

2163 Mémoires du Géant   1 V.

NADAUD, Gustave.

58 Chansons Légères   1 V.

NARREY, Charles.

2364 Ce que l'on dit pendant une
contredanse   1 V.

NAUDIN et J. DECAISNE.

Manuel de l'Amateur des Jardins 4. v.

NAVILLE, Édouard.

36 Relations Commerciales des
Peuples   1 v.

NETTEMENT, Alfred.

53 Exposition Royaliste, 1789-1842 1 v.
95 Etudes Critiques sur le Feuilleton 1 v.
5o8 Vie de Marie-Thérèse de France 1 v.
37 Appel au bon sens, au droit, à
l'histoire   1 v.

NEUVILLE (Le Comte De).

478 Notice Historique sur le Comte
de Villèle   1 v.

NEY (Le Maréchal).

115. 116 Mémoires   2 v.

NISARD, Charles.

NODIER, Charles.

NOÉ (Le Vicomte De).

NOEL, Eugène.

que tiré des Œuvres de Ra-
belais   1 V.

NORIAC, Jules.

1096 Le 101ᵉ Régiment, la Vie
    en détail   1 V.

NORMAMBY (Marquis de).

67 . 68 Une Année de la Révolution   2 V.
    44 Les Droits du Pape, Réponse
        à la brochure « Le Pape »   2 V.
    44 Le Cabinet Anglais, l'Italie
        et le Congrès   1 V.

. NORTHCOTE et J. SPENCER.

1191 *Rome Souterraine (trad. de
    l'anglais avec des additions et
    des notes, par P. Allard   1 V.

NORVINS (De).

295 . 298 Histoire de Napoléon   4 V.

NOSTRADAMUS.

NOURISSON.

NOUVION, Victor (De).

O

OERTEL.

OLLIVIER, Émile.

ORFILA.

OVIDE.

P

PAILLERON, Édouard.

PALIKAO (Général Comte De).

PALISSY, Bernard.

PAPILLON, F.

366 Histoire d'un Rayon de soleil   1 v.

PAPON (L'Abbé), de l'Oratoire.

1129A1129D *Histoire générale de Provence   4 v.

PAQUIS et CLAUDON.

32 Procès des Ministres Anglais   1 v.

PARENT-DUCHATELET.

746. 747 *De la Prostitution dans la ville de Paris   2 v.

PARNY (De)

685 *Poésies   1 v.

PARSEVAL, Lud.

179 Homœopathie et Allopathie   1 v.

PASCAL, Louis.

178 La Cange, Voyage en Égypte   1 v.

PASCAL.

153 *Pensées   1 v.
154 *Lettres provinciales   1 v.

PASSY, P.

43 De la Souveraineté des Papes   1 v.

PAUL, Adrien.

2049 Blanche Mortimer   1 v.
2061 Une Dette de jeu   1 v.

P..., Paul (De).

270. 271 Ligue des Nobles et des Prêtres
contre les Peuples et les Rois   2 v.

PAUL DE SAINT-VICTOR.

347 Hommes et Dieux   1 v.

PAUTHIER, G.

512 Histoire des Relations politiques de la Chine   I V.

PEARSON, NED.

*Dictionnaire du Sport français   I V.

PECLET, (AVOCAT).

30 Réforme du Notariat en France I V.

PELET DE LA LOZÈRE.

350 Précis de l'histoirè des États-Unis d'Amérique   I V.

PELLETAN, EUGÈNE.

105 La Nouvelle Babylone   I V.
156 Professions de foi du XIXᵉ Siècle I V.
296 La Famille, la Mère   I V.
373 Nouvelles heures de travail   I V.
799 *La Mère   I V.

PÉPIN, ALPHONSE.

172 Deux ans de règne   1 V.

PERKINS, CH.-C.

783 . 784 *Sculpteurs italiens   2 V.

PERRAULT.

1133 *Contes (*illustrés* par G. Doré)   1 V.

PERRIER, CASIMIR.

39 Le Traité avec l'Angleterre   1 V.

PERRIN, MAXIMILIEN.

1023.1024 Partie et Revanche   2 V.

PERRIN, N.

55 L'Afghanistan   1 V.

PERSE.

919 *Traduction nouvelle de F.
Collet   I V.

PERSIL.

3 Dissertation sur l'établissement
du droit d'aînesse   I V.

PESSARD, Henri.

120 Yo et les Principes de 89   I V.

PETIT (Le Baron).

182 Opinion de Napoléon   I V.

PÉTRARQUE.

765 *Pétrarque Épistolaire, 1492   I V.
795 . 796 *Le Rime del Pétrarca con Ta-
vole in rame ed illustrazioni,
éd. 1822   2 V.

PEUT, Hippolyte.

43 Mémoire adressé à l'Assemblée

Nationale sur le Delta et le
Rhône   I v.

PEYRAT, A.

657 Histoire élémentaire et critique
de Jésus   I v.

PEYRERA.

25 Moyen de donner de l'activité
à l'Industrie   I v.

PEYRONNET.

22 Question de Juridiction parlementaire   I v.

PEYSSON, J.

25 La Paix ou la Guerre ; l'Escla-
vage ou la Liberté   I v.

PHARAON, Jeanny.

17 Esquisse sur Mahmoud II   I v.

PHILOSOPHISME (Le).

Des Jésuites de Marseille, en

deux parties. A Avignon,
chez J. Lenoir, 1692 (très
rare)

PICHOT, Amédée.

367. 368 Histoire de Charles-Edouard   2 v.

PICHOT, J.

*Traité Élémentaire de Cos-
mographie   1 v.

PIERRE (L'Abbé).

170. 171 Constantinople, Jérusalem et
Rome

PIETRA-SANTA.

233 Chemins de Fer et Santé Publique   1 v.

PIMODAN (Le Général).

269 Souvenirs des Campagnes
d'Italie   1 v.

PINARD.

69 Le Barreau   1 v.

PLANARD, Eugène.

21 La Double Echelle   1 v.
21 Le Perruquier de la Régence   1 v.

PLATON.

1155.1164 *Œuvres complètes (publiées
sous la direction de E. Saisset 10 v.

PLATY STAMATY et BERTHON

*Recueil de Jurisprudence
civile, criminelle et administrative

PLAY, M.-F. (LE).

750. 751 La Réforme Sociale en France   2 v.
380 L'Organisation du Travail   1 v.

PLINE.

448. 467 *Histoire Naturelle (texte latin,
avec trad. française en regard
par AJASSON DE GRANSAGNE
ED. PANCKOUCKE   20 V.

PLUTARQUE.

338. 347 *Vie des Hommes Illustres
(trad. du grec de « Plutarque »
par D. RICARD, 1829)   10 V.

POË, EDGAR.

668 Histoire grotesque et sérieuse   I V.
2316 Nouvelles Historiettes extraordinaires   I V.
2358 Histoires extraordinaires   I V.
2361 Aventures d'Arthur Gordon-
Pym   I V.

POITEVIN.

*Grammaire Générale et Histo-
rique de la Langue Française   2 v.

POLGE (L'Abbé).

177 De la Réforme du Catholicisme 1 v.

PONS, G.

*Histoire de la Guerre de Trente
ans   - 1 v.

PONS, Z.

*Mémoires sur Toulon, 1793 1 v.

PONSARD, François.

25 Lucrèce *(tragédie en cinq actes)* 1 v.
67 Le Lion Amoureux   1 v.
   Œuvres complètes   2 v.

PONSON DU TERRAIL.

2052 Les Nuits de la Maison Dorée 1 v.
2170 L'Héritage de Corinne   1 v.

PONTMARTIN, Armand (De).

165 Nouvelles Causeries Littéraires 1 v.

POUJADE, Eugène.

POUJOULAT.

POUSSIELGUE, A.

POUVIER, E.

PRADT (De).

PRAT, Auguste.

PRELLER, L.

*Dieux de l'ancienne Rome   1 v.

PRESCOTT, William.

1175.1177 *Histoire de la Conquête du
Mexique   3 v.

PRÉSSENSÉ, E. (De).

326 Jésus-Christ, son temps, sa vie   1 v.

PRÉVOST-PARADOL.

681. 682 Histoire Universelle   2 v.
361 La France Nouvelle   1 v.

PROCÈS CONTRAFATO.

14 Cour d'Assises de la Seine,
15 octobre 1827   1 v.

PROPERCE.

920 *Traduit par Delongchamps   1 v.

PROUDHON.

PUYNODE, Gustave.

Q

QUATREFAGES, A. (DE).

QUÉRARD, L.

QUINET, E.

R

RABELAIS.

521 *Œuvres , accompagnées de
    notes par L. BARRÉ ,   1 v.
1129A . 1129B *Œuvres, illustrées par G.
    DORÉ.   1 v.

RABOU, CH.

685 . 687 L'Allée des Veuves   3 v.

RACINE.

604 . 608 *Œuvres   5 v.
36 . 41 *Œuvres complètes avec les no-
    tes de tous les commentateurs
    (édit. publiée par L.-A. MAR-
    TIN)   6 v.

RACINET.

RAGUSE (Le Duc De).

RAMBAUD, Louis.

RAMEL-MAUGIS.

RANGABÉ, A.-R.

RASETTI.

RASTOUL, Alphonse.

RATTAZZI (Madame Marie de Solms).

2159. Le Piége aux maris   I v.
2155 La Mexicaine   I v.
2160 Les Débuts de la Forgeronne   I v.
2161 Le Chemin du Paradis   I v.
2092 Mademoiselle Million   I v.

RAUDOT.

108 Napoléon Ier, peint par lui-même   I v.

RAYMOND, Émile.

669 Une Nuit de Noël   I v.

RAYNAL, F.

308 *Les Naufragés des Iles Au-
ckland   I v.

RAYNAL, G.-T.

380. 391 *Histoire Philosophique   12 v.

RAYNAUD, Maurice.

*Les Médecins au temps de
Molière   1 v.

RAYNOUARD.

492. 497 *Lexique Roman ou Dictionnaire de la langue des Trou-
badours, 1838   6 v.

REBOUL, Jean (de Nîmes).

552 *Poésies, précédées d'une Notice
biographique et littéraire nouvelle, édit. revue et augmentée
par l'Auteur   1 v.
283 Lettres, précédées d'une introduction par Poujoulat   1 v.

RÉCAMIER (Madame).

243. 244 Souvenirs et Correspondances   2 v.

RÉCLUS, Marthe-Élisée.

RÉGINAL HÉBERT.

REGIS DE LA COLOMBIÈRE.

REGNARD.

RÉGNIER

REINEGARDE.

558 *Essais Poétiques   I V.

187 RELATION historique des Obsèques de M. Manuel, ancien député de la Vendée   I V.

RÉMUSAT, CHARLES (DE).

889. 890 L'Angleterre au XVIIIᵉ Siècle   2 V.
125. 126 Passé et Présent   2 V.
    *Bacon, sa vie, son temps et sa philosophie   I I.

RENAN, ERNEST.

505 De l'Origine du Langage   I V.
555 Averroès et l'Averroïsme   I V.
658 Vie de Jésus   I V.
311 Les Apôtres   I V.
722 Questions Contemporaines   I V.
365 Saint Paul   I V.

REVOIL, B.-Henri.

2210 Les Fils de l'Oncle Tom 1 v.

REY-DUSSEUIL.

339 Estrella 1 v.
  Le Cloître Saint-Remy 1 v.

REY, Charles.

39 De la Refonte des Monnaies
  de cuivre et de billon 1 v.

REYBAUD (Mme Charles).

897. 900 Clémentine et Félise 4 v.
356. 357 Le Moine de Chaalis 2 v.
  465 Mademoiselle de Chazeuil 1 v.

REYBAUD (M. Charles).

183. 189 Louise et Gabrielle 2 v.
483. 484 Pierre Mouton 2 v.

REYBAUD, Louis.

639. 640 César Falempin   2 v.
407. 409 Jérôme Paturot à la recherche
       d'une position sociale   3 v.
     2 Épître à Monsieur de Mar-
       tignac   1 v.
699. 700 Le Coq du clocher   2 v.
753. 757 Edouard Mongeron   5 v.
152.   Mœurs et Portraits du temps   1 v.
214.   Régime des Manufactures   1 v.
348.   La Laine   1 v.
464.   Rose   1 v.
613.   Les Deux Marguerites   1 v.
661.   Le Dernier des Commis voya-
       geurs   1 v.
800. 803 Jérôme Paturot à la recherche
       de la meilleure République   4 v.

REYNALD, Hermite.

823 Mirabeau et la Constituante   1 v.

REYNOLDS, G.-M.-W.

2164 Pauline (Mystères de la Tour
de Londres)   1 V.
2282 Georgiana (Mystères de la
Tour de Londres)   1 V.
2281 Lœtitia (Mystères de la Tour
de Londres)   1 V.
2283 Caroline (Mystères de la Tour
de Londres)   1 V.
2284 Laura (Mystères de la Tour
de Londres)   1 V.

RIANCEY (Charles de).

37 Le Patriotisme et la Foi   2 V.

RIBBE (Charles de).

465 Pascalis, étude sur la fin de la
Constitution Provençale   1 V.
*Les Familles et la Société en
France, avant la Révolution   1 V.

RICHEMOND (Général).

20 Du Refus de l'Impôt 1 v.
20 Nouveaux Mémoires Politiques 1 v.

RIFAUD, M.

29 Rapports faits par les diverses
Académies 1 v.

RIO, A.-F.

625. 627 De l'Art Chrétien 3 v.

RIVE (DE LA).

29 Des Connaissances en électricité 1 v.

RIVIÈRE, Henri.

510 La Marine française, sous
Louis XV 1 v.

ROBERT (Clémence).

287. 288 Un Amour de Reine 2 v.

ROBERT, Cyprien.

ROBERT HOUDIN.

ROBERT (Comte De Custine).

ROCHE-ARNAUD (De la).

ROCHEFORT, Henri.

ROCHET D'HERRICOURT.

41 Voyages dans le pays d'Adel   1 v.

ROGRON.

368 *Code de Commerce expliqué   1 v.

369. 370 *Code de Procédure civile expliqué   2 v.

371 *Code Forestier de la Chasse
et de la Pêche   1 v.

372 *Code d'Instruction criminelle
expliqué   1 v.

373 *Code Pénal expliqué   1 v.

374. 375 *Code Napoléon expliqué   2 v.

ROLLAND.

30 Essais sur le Notariat   1 v.

ROLLIN.

250. 267 *Œuvres complètes   18 v.

ROMAND, HIPPOLYTE.

20 Le Bourgeois de Gand   1 v.

ROMIEU, M.-A.

58 L'Ère des Césars   1 V.

ROQUE, Phocion.

424 *Topographie d'Athènes   1 V.

ROQUE, Louis (De La).

747 748 *Armorial de la Noblesse du
Languedoc   2 V.

ROQUEPLAN, Nestor.

2190 Parisine   1 V.

ROSIER.

10 L'Amour   1 V.
20 Le Manoir de Montlouvier   1 V.
21 Maria Padilla   1 V.

ROSNY et CORTAMBERT.

215 Tableau de la Cochinchine   1 V.

ROSSIGNOL, Léon.

2143 Lettres d'un mauvais Jeune
　　　homme à sa Nini　　　　　I V.

ROTALIER, P.-Charles.

142. 143 Histoire d'Alger　　　　2 V.

ROUARD, M.

*Inscriptions en vers du Musée
　d'Aix　　　　　　　　　　I V.
*Notice sur la Bibliothèque
　d'Aix　　　　　　　　　　I V.
*Rapport sur les Fouilles d'An-
　tiquités　　　　　　　　　I V.
*Bas-reliefs Gaulois　　　　　I V.

ROUGEMONT.

19 Jeanne Vaubernier　　　　　I V.
21 La Reine des Blanchisseuses　I V.

ROUSSEAU, J.-J.

112. 131 *Œuvres complètes　　　20 V.

ROUSSEAU, J.-B.

132 *Œuvres choisies   I V.

ROUSSET, Camille.

599. 600 Histoire de Louvois   4 V.

ROUSSET, Gustave.

384. 385 Science nouvelle des Lois, Principes, Méthodes et Formules, suivant lesquels les Lois doivent être conçues, rédigées et codifiées   I V.

ROUSTAND, Victorine.

2017 Les Amours de village   I V.

ROUX-ALPHÉRAN.

582. 583 *Les Rues d'Aix   2 V.

ROYER, Alphonse.

22 Don Pasquale *(opéra en cinq actes)*   1 v.

939 Robert-Macaire en Orient   1 v.

ROZET.

140. 141 Relation de la Guerre d'Afrique 2 v.

22. 24 Voyage dans la Régence d'Alger 3 v.

RUFFI Père et Fils.

1113 *Histoire de Marseille   1 v.

RUFFI, Antoine.

1114 *Histoire des Comtes de Provence   1 v.

RUFFI, J.

2028 Découverte de Paris par une Famille anglaise   1 v.

S

SABLON, J.-B.

SABRAN (De).

SACRÉ et L. OUTREBON.

SACY, S. (De).

SAINT-ALBIN.

224 Pie IX   1 V.

SAINT-AMAND (De).

40 Les Romagnes   1 V.

SAINT-ARNAUD (Maréchal De).

280. 281 Lettres   2 V.

SAINT-AUBIN (De)

264. 265 Jane la Pâle   2 V.

SAINT-CLAIR (Baron).

16 Révélations sur l'Assassinat du
Duc de Berry   1 V.

SAINT-CYR (Maréchal Gouvion).

391 Les Institutions militaires de
la France   1 V.

SAINT-ESTIENNE.

15 L'Expédition de 1827   1 V.

SAINT-FÉLIX, Jules.

100. 101 Le Rhône et la Mer   2 V.

SAINT-FERRÉOL.

31 Exposition du Système des
    Douanes   1 V.
161 Promenade sur le Canal de
    Marseille   1 V.

SAINT-GEORGES (De).

22 La Reine de Chypre *(opéra en
    cinq actes)*   1 V.

SAINT-LAMBERT.

348 *Les Saisons   1 V.

SAINT-MARC-GIRARDIN.

SAINT-MAURICE (De).

SAINT-PRIEST, Alexis (Le Comte De).

SAINT-SIMON (Duc De).

SAINT-VINCENS, J.-F.-P.

726 *Notice   1 v.

SAINTE-BEUVE.

167. 177D Causeries du Lundi   15 v.
    271 Mémoires de Mme Elliot   1 v.
591. 592 Chateaubriand, son groupe
        littéraire   2 v.
835. 842E Nouveaux Lundis   13 v.
    416 Monsieur De Talleyrand   1 v.

SAINTE BIBLE

1028. 1029 *Selon la Vulgate (éd. nouv.
        ill. par G. Doré   2 v.

SAINTE BIBLE

Avec des explications édifiantes
par Sacy

SAINTINE, X.-B.

630 La Mythologie du Rhin   1 v.

SALGUES, J.-B.

SALVAN, ADRIEN (L'ABBÉ).

SALVANDY, N.-A. (DE).

SALVATOR, J.

SAMM, Charles (De)

SAND, Georges.

2229.2231 L'Homme de Neige   3 v.

2232 Le Diable aux Champs   1 v.

2233 Flavie   1 v.

2234 Simon   1 v.

2240 Le Beau Laurence   1 v.

2141.2250 Histoire de ma Vie   10 v.

2256 Pierre qui roule   1 v.

302. 303 Lélia   2 v.

201 Jean Ziska, Gabrielle   1 v.

748 Isidoria   1 v.

1084 Le Mont-Revêche   1 v.

759 La Mare-au-Diable   1 v.

423 Nouvelle Lettre de Junius à son ami A. D.   1 v.

2295 Nanon   1 2.

SAND, G. (FILS).

1129.1129F *Masques et Bouffons   2 v.

SANDEAU, JULES.

924 Mademoiselle de La Seiglière   1 v.

234 Le Docteur Herbeau   1 v.

SAPET, Tony et BOUSQUET.

SARRANS Jeune.

SARCEY, Francisque.

807 Le Siége de Paris   1 v.

SARDOU, Victorien.

38 Les Ganaches *(comédie en quatre actes)*   1 v.
63 Les Pommes du Voisin   1 v.
70 La Famille Benoiton   1 v.
74 Séraphine   1 v.
75 Patrie   1 v.
78 Fernande   1 v.
82 Rabagas   1 v.

SAULCY, F. (De).

999 *Histoire d'Hérode, roi des Juifs   1 v.

SAUQUAIRE SOULIGNÉ (Martial).

19 Lettres sur l'état de la France 1 v.

SAUREL, A.

562 *Guide-Diamant de Marseille   1 v.

SAUZAY.

402 La Verrerie depuis les temps
les plus reculés   1 v.

SAUZE.

43 La Mendicité dans le département des Bouches-du-Rhône 1 v.

SAY, Horace.

104 Études sur l'Administration de
la ville de Paris   1 v.

SCARRON.

545 *Le Roman comique   1 v.
1064.1070 *Œuvres   7 v.

SCHILLER.

*Œuvres dramatiques, traduites
par De Barante   3 v.

SCHNITZLER, J.-H.

24 La Pologne et la Russie   1 v.
   *La Russie en 1812, Rostopt-
   chine et Koutouzof   1 v.

SCHŒLCHER, Victor.

64. 65 Colonies françaises et Haïti   2 v.

SCHOLL, Aurélien.

2195 Les Amours de Théâtre   1 v.

SCIALOJA, A. (de Naples).

92 Les Principes de l'Économie
   sociale   1 v.

SCLOPIS, Frédéric.

*Histoire de la Législation ita-
   lienne   2 v.

SCRIBE.

SEGOND, Albéric.

SÉGUIN.

SÉGUR (Le Comte De).

SÉGUR DE DUPEYRON.

SELDEN, Camille.

SEMÉRIE, Eugène.

SÉNÈQUE.

SENOR, William.

179 La Turquie contemporaine   1 v.

SERRET, Ernest.

2113 Neuf Filles et un Garçon   1 v.

SEVELINGES (De).

19 La Belgique deviendra-t-elle
française ?   1 v.

SÉVIGNÉ (Madame De).

158. 167 *Lettres   10 v.

SHAKSPEARE.

44. 50 Œuvres, trad. par B. Laroche 7 v.

SILVESTRE PAGGIOTI.

40 Simple Récit sur Napoléon-
Louis Bonaparte   1 v.

SILVIO PELLICO.

532 *Mes Prisons   I V.

SIMON, Jules.

339 *Histoire de l'École d'Alexan-
     drie   I V.
84. 85 La Liberté   2 V.
308 L'École   I V.
309 Le Travail   I V.

SINGER.

38 Miroir politique de la France,
     1844   I V.

SINIBALDI, Louis.

882 *Éducation physique   I V.

SISMONDE SISMONDI.

1131.1140 *Histoire des Républiques Ita-
     liennes   10 V.

SMITH, Adam.

1092.1093	*Richesse des nations	2 v.
1094	*Sentiments moraux	1 v.

SMITH, J.-F.

2002.2004	La Femme et son maître, traduit de l'anglais, avec l'autorisation de l'auteur, par De l'Espine	3 v.
75. 76	Esquisse de la vie d'Artiste	2 v.

SMITT.

574	Frédéric II, Catherine et la Pologne	1 v.
38	Les Intérêts, les Droits de l'Italie et de la France	1 v.

SOLARD, A.

347. 348	Histoire de l'Hôtel royal des Invalides	2 v.

SOR, Charlotte (de).

SOULIÉ, Frédéric.

SPENCE, James.

93 L'Union Américaine   1 V.

SPINOZA.

1165 *Œuvres complètes (trad. par J.-G. Prat)   1 V.

STENDHAL.

148. 149 Mémoires d'un Touriste   2 V.
178. 179 La Chartreuse de Parme   2 V.
204 L'Abbesse de Castro   1 V.
321. 322 Le Rouge et le Noir   2 V.
*Correspondance inédite   2 V.

STERNE.

557 *Vie et Opinions de Tristram-Shandy   1. V.

STHAL, P.-J.

164 De Paris à Baden, Voyage d'un Étudiant   1 V.
2057 Histoire d'un Homme enrhumé   1 V.

STOFFEL (Colonel Baron De).

388 Rapports Militaires, écrits de
Berlin de 1866 à 1870   1 v.

STRAUSS, D.-F.

498. 499 *Vie de Jésus   2 v.

STUART, John.

102 La Liberté   1 v.

STUART MILL.

103 Le Gouvernement Représen-
tatif (trad. et précédé d'une
introduction, par Dupont-
White)   1 v.

SUCHET (Maréchal).

113. 114 Mémoires   2 v.

SUE, Eugène.

SULEAU (Le Comte).

SULLY-PRUDHOMME.

SUSSINI (De).

SYBEL (De).

*Histoire de l'Europe pendant
la Révolution française   3 v.

SYLVESTRE, H.

211 L'Isthme de Suez   1 v.

T

TAILLANDIER SAINT-RENÉ.

639 Écrivains et Poètes modernes 1 v.
2217 Drames et Romans   1 v.

TAINE, Henri.

651. 654 Histoire de la Littérature anglaise   4 v.

415 Un Séjour en France, de 1792
à 1795   1 v.
451 Philosophie de l'Art   1 v.
453 Notes sur l'Angleterre   1 v.

TASSE (Le).

614. 618 *Jérusalem délivrée, traduit et
texte mis en regard par
Panckouke   5 v.

TAYLOR (Le Baron).

71 Les Pyrénées   1 v.

TEMPIER.

45 De l'Esprit public en France   1 v.

TENNYSSON, A.

1131 *Vivianne   1 v.
1130 *Geneviève   1 v.

TÉNOT, Eugène.

123 Le Coup d'État de 1851   1 v.

827 Campagnes des Armées de l'Empire 1870   1 V.

TÉNOT ET DUBOST, J.-A.

756 Les Suspects en 1858   1 V.

TÉRENCE.

1071.1073 *Comédies (trad. nouv. avec le texte latin en regard, et des notes, par l'Abbé LE MONNIER, 1771   3 v.

TESTU, OSCAR.

399 Association internationale des Travailleurs   1 V.

TEXIER, EDMOND.

139 Lettres sur l'Angleterre   1 V.

THAUZERY, PAUL.

319 La Femme au XIXe siècle   1 V.

THÉAULON.

THÉAULON et STEPHEN.

THEIL, M.-N.

THENON, M.

THÉRÉSA.

THEULET, A.

THIERRY, Amédée.

THIERS.

THOMASSY.

THOURET, Antony.

158. 159 Le Roi des Frênelles   2 V.

THURET (Madame E.)

2150. 2151 Mademoiselle de Sassenay   2 V.

TIBULLE.

920 *Traduit par Mirabeau   1 V.

TIMON.

303 Livre des Orateurs   1 V.
101 Entretiens de Village   1 V.

TISSOT, P.-F.

6 Souvenirs sur la Vie et la Mort
de Talma   1 V.
406. 411 *Trophées des Armées françaises   6 V.

TOCQUEVILLE, Alexis (Comte de).

TOPIN, Marius.

TOUCHARD-LAFOSSE.

TOULGOET, E. (De).

TOULOUZAN.

TOUR (Madame Ch. De LA).

TOUSSENEL, A.

TRABAUD, Pierre.

TRÉLAT (Le Docteur).

TROGNON, A.

825 Vie de Marie-Amélie, reine
des Français   1 v.

TROIS-VILLES (L'Abbé Henri De).

6 Le Jésuitisme dévoilé   1 v.

TROLLIET, L.-F.

37 Statistique Médicale de la Province d'Alger   1 v.

TROLOPP (Sir Francis).

623. 633 Les Mystères de Londres   11 v.

TROLLOPE, Antony.

2120.2121 La Petite Maison d'Allington,
traduit de l'anglais par G.
Marcel   2 v.

TROPLONG, M.

81 Du Pouvoir de l'Etat sur l'En-

seignement, d'après l'ancien
Droit public français   I. v.

TROUSSEAU.

1182.1184 *Clinique Médicale de l'Hôtel-
Dieu de Paris   3 v.

U

UCHARD, Mario.

2111 Le Mariage de Gertrude   I v.

ULBACH, Louis.

2038 Monsieur et Madame Fernel   I v.
2050 Histoire d'une Mère et de ses
enfants   I v.

V

VACQUERIE, Auguste.

290 Profils et Grimaces   1 v.
666 Les Miettes de l'Histoire   1 v.

VALADIER, A.

715 Rome vraie   1 v.

VALFRAMBERT, Charles.

*Régime municipal et Institutions locales de l'Angleterre, de l'Écosse et de l'Irlande   1 v.

VALLÈS, Jules.

2142 La Rue   1 v.

VALMY (Le Duc De).

VALOIS (Comtesse De LAMOTTE).

VALON, Alexis (Vicomte De)

VALORI (Vicomte De).

VALORI, Henry (Prince De).

VAUTRÉ (LE GÉNÉRAL).

VERMOREL, A.

VERNE, JULES.

VERNET, HORACE.

VERNEUIL FOURNIER.

VÉRON, Louis (Docteur).

VÉRON, Pierre.

VEUILLOT, Louis.

VEYSSIÈRE, A.

1188 *Essais historiques sur les IIIe
et IVe siècles de l'ère chré-
tienne   1 v.

VIARDOT, Louis.

*Les Musées d'Espagne, guide
de l'artiste   1 v.

430. 431 Histoire des Arabes et des
Maures   2 v.

*Les Musées d'Angleterre, de
Belgique, etc.   1 v.

*Les Musées de France, Paris   1 v.

*Les Musées d'Allemagne   1 v.

VIDOCQ.

358. 362 Les Chauffeurs du Nord   1 v.

VIEL-CASTEL (Le Comte De).

514 Marie-Antoinette et la Révolution   1 v.

VILLIAUMÉ, N.

235 L'Esprit de la guerre   1 v.

VINCENDON-DUMOULIN.

62 Iles Marquises ou Nouka-Hiva 1 v.
90 . 91 Iles Taïti   1 v.

VIOLLET-LEDUC.

392 . 393 Bibliothèque poétique   2 v.
        *Dictionnaire raisonné de l'Architecture française, du XIe au XVIe siècle   10 v.

VITET, Louis.

624 L'Académie royale de Peinture et de Sculpture   1 v.
641 Essais Historiques et Littéraires 1 v.

VIVÈS (De).

37 De la Liberté de Conscience   1 v.

VIVIEN DE SAINT-MARTIN.

387. 387A L'Année Géographique, 1869-
1870-1871   1 v.
440 L'Année Géographique, 1872 1 v.

VOLCY-BOZE.

*Le Comte Joseph de Boze,
peintre de Louis XVI.   1 v.
*Les Conventionnels en mission 1 v.

VOLNEY.

*Les Ruines   1 v.
288. 294 *Œuvres complètes   8 v.

VOLTAIRE.

1. 70 *Œuvres complètes   70 v.
71 *Henriade   1 v.

W

WAAGEN (Docteur).

1200.1203 *Treasures of art in Great Britain . 4 v.

WALPOLE, Horace.

*Lettres à ses Amis pendant son Voyage en France I v.

WALTER SCOTT.

115. 118 Histoire Générale des Iles Britanniques 4 v.
*Œuvres complètes (avec gravures) 84 v.
444 La Pythie des Higlands I v.
119. 120A Histoire d'Ecosse trad. par Defauconpret 3 v.

WARREN, Ed. (Le Comte).

79. 80 L'Inde Anglaise, en 1843 2 v.

WEGENER, C.-F.

56 Le Duc d'Augustenbourg et
   la révolte du Holstein   1 v.

WEY, FRANÇIS.

906G *Rome   1 v.

WILLIAM SHALER.

196 Esquisse sur l'Etat d'Alger
   (trad. de l'anglais par H.
   BIANCHI)   1 v.

WILLIAM WILBERFORCE.

11 Lettre sur la traite des noirs   1 v.

WIMPFFEN (GÉNÉRAL).

804 Sedan, campagne de 1870   1 v.

WISEMAN (CARDINAL).

486 *Fabiola (trad. par Mlle NET-
   TEMENT)   1 v.

Y

YOUNG, Arthur.

1074.1075 *Voyages en France pendant les années 1787, 1788 et 1789   I v.

1076 *Voyages en Italie et en Espagne en 1787 et 1789   I v.

YRIARTE, Charles.

193 Souvenirs du Maroc, récits de guerre et de voyages   I v.

Z

ZELLER, Jules.

ZERBIN, Gaspar.

ZSCHOKKE, Henri.

SUPPLÉMENT

---

*LE CERF, Théodore. — Archipel des Iles Normandes, Jersey, Gúernesey, Auregny, Sark et dépendances. 1 v.

139 ITURBIDE. — Mémoires autographes de Don Augustin, ex-empereur du Mexique (trad. de l'anglais par J.-T. Parisot). 1 v.

274. 275 LAROCHEFOUCAULT. — Mémoires. 2 v.

147 *Réflexions et Sentences. 1 v.
1686 *Maximes. 1 v.

ALMANACHS royaux, nationaux et impériaux, 1813-1873.

ALMANACH Gotha, 1868-1874.

ANNUAIRE de la Marine.

ANNUAIRE militaire, 1832-1873.

ANNUAIRE historique, 1823-1843.

ARTISTE (L'), 1838-1873.

ATLAS faisant suite à l'Histoire du Consulat et de l'Empire, par M. Thiers.

ATLAS faisant suite aux Mémoires du Maréchal Suchet.

ATLAS Dufour ; la France par départements.

ATLAS contenant 45 cartes, d'après le nouvel Atlas universel Dufour, publié par A. Le Chevalier.

ATLAS Universel de Géographie physique , Politique et Historique, ancienne et moderne, contenant les Cartes générales et particulières des cinq parties du monde.

ATLAS des Chemins de Fer Français, Album composé de 89 Cartes et d'une Carte générale des Chemins de Fer, par Auguste Clavier. 1 v,

CAMBISTE (Le) Universel, ou Traité complet des Changes, Monnaies, Poids et Mesures, par KELLY. 1 v.

1134 *CAMPAGNES DES FRANÇAIS sous le Consulat et l'Empire. — Album de 52 Batailles et 100 portraits. Les Maréchaux, Généraux et les Personnages les plus illustres de l'époque, et le Portrait de Napoléon Ier. Collection de 60 planches, dites Carle VERNET, peintre d'histoire.

CODE Civil du Royaume Italien. 1 v.

CODES (Les) annotés par SIREY, contenant toute la Jurisprudence des Arrêts et la Doctrine des auteurs, édit. entièrement refondue par P. GILBERT. 1 v.

CORRESPONDANT (Le), 1850-1873.

DICTIONNAIRE Critique de Biographie et d'Histoire. 1 v.

DICTIONNAIRE du Sport français, par NED PEARSON. 1 v.

DICTIONNAIRE Latin-Français, par QUICHERAT et DAVELUY. 1 v.

DICTIONNAIRE Anglais-Français et Fran-çais-Anglais, par Boyer, 2 v.

DICTIONNAIRE de l'Économie politique, par Coquelin. 2 v.

DICTIONNAIRE Français-Italien , Italien-Français, par Ruggieri. 1 v.

DICTIONNAIRE Historique, par une Société de Gens de lettres, 1786. 9 v.

DICTIONNAIRE de la Langue française, par Ch. Laveaux, 1820, auteur des additions au Dictionnaire de l'Académie Française, publiées dans l'édit. 1802.

DICTIONNAIRE de la Langue Française, par Bescherelle. 1 v.

DICTIONNAIRE de la Langue Française, par Littré. 4 v.

DICTIONNAIRE de l'Académie Française, 6e édit. publiée en 1835, avec complé-ment publié sous la direction d'un Membre de l'Académie, 1842. 3 v.

DICTIONNAIRE de Géographie universelle, par Bescherelle. 4 v.

DICTIONNAIRE Géographique et Statistique, par A. GUIBERT. 1 v.

DICTIONNAIRE Géographique universel, par MAC-CARTHY, 1824. 2 v.

DICTIONNAIRE d'Histoire et de Géographie, par BOUILLET. 1 v.

DICTIONNAIRE des Communes de France, par JOANNE. 1 v.

DICTIONNAIRE des Contemporains, par VAPEREAU. 1 v.

DICTIONNAIRE des Sciences et des Arts, par BOUILLET. 1 v.

DICTIONNAIRE de l'Art Epistolaire français, par DEZOBRY.

DICTIONNAIRE Universel, Théorique et Pratique du Commerce et de la Navigation. 2 v.

FRANCE (LA) Littéraire, 1832-1838.

*GALERIES Historiques de Versailles.

GAZETTE (LA) des Beaux-Arts, 1859-1873.

ILLUSTRATION (L'), de 1843 à 1873.

JOURNAL des Économistes, 1854-1866.

JOURNAL OFFICIEL (Le) (ou Moniteur Universel) avec introduction, 1789 à 1790, repris en septembre 1815 à 1873.

NOUVELLES Annales des Voyages, de la Géographie et de l'Histoire, avec des cartes et planches gravées en taille douce, publiées par B. Eyriès et Malte-Brun, 1822-1865.

*REVUE Archéologique, 1871-1873.

*REVUE Britannique, 1830-1873.

REVUE Contemporaine, 1853-1870.

*REVUE Horticole, 1872-1873.

REVUE Politique et Littéraire, 1866-1873.

REVUE Scientifique de la France et de l'Etranger, 1866-1873.

REVUE des Deux-Mondes, 1831-1873.

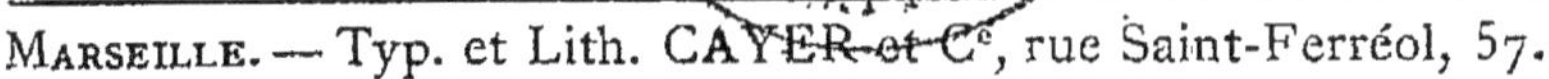

MARSEILLE. — Typ. et Lith. CAYER et Cᵉ, rue Saint-Ferréol, 57.